이화유치원
교육과정 운영의 실제

만**5**세 ❻ 동네와 지역사회

이화유치원

교육과정
운영의 실제

만 **5**세

6 동네와 지역사회

이화여자대학교 사범대학 부속이화유치원

(주)교 문 사

머리말

올해로 97년의 오랜 역사와 전통을 자랑하는 이화유치원은 우리나라에서뿐만 아니라 전 세계에서 탁월한 유아교육을 실행하는 유치원으로 높이 평가받고 있습니다. 이화유치원은 이에 긍지와 자부심, 책임감을 가지고 있으며, 무한한 가능성을 가진 유아들이 바르고, 착하고, 아름답게 자랄 수 있도록 최적의 교육환경과 교육과정을 제공하기 위해 항상 노력하고 있습니다. 더 나아가 미래사회를 책임질 유아들의 건강한 성장과 발달을 위해 끊임없이 새로운 프로그램을 개발하고, 유아교육의 질을 제고하기 위한 연구를 지속하여 유아교육 발전을 선도해 가고 있습니다.

유아의 성장 및 발달에 적합한 환경과 교육과정으로 질 높은 유아교육을 충실히 실행하는 것이 이화유치원의 중요한 사명 중 하나라면 또 다른 중요한 사명은 유아의 발달 및 유치원 교육과정, 교수방법, 교육환경 등에 관한 연구를 수행하고 그 결과를 출판하여 보급하는 것입니다. 이에 따라 이 책 『이화유치원 만 3, 4, 5세 교육과정 운영의 실제』는 이화유치원의 중요한 사명을 성공적으로 완수해 낸 결과물인 것입니다.

이화여자대학교 사범대학 부속이화유치원에서 1992년과 1995년 두 번에 걸쳐 『만 3, 4, 5세 어린이를 위한 유치원 교육과정 운영의 실제』를 출판한 지 어느덧 16년이 지났습니다. 2004년에 이화유치원 창립 90주년 기념행사를 성황리에 개최한 이후 새로운 『만 3, 4, 5세 유아를 위한 이화유치원 교육과정 운영의 실제』를 출판하기 위한 준비 및 집필 작업을 계속해 왔고 드디어 2011년에 출판하게 됨을 매우 기쁘게 생각합니다.

『이화유치원 만 5세 교육과정 운영의 실제』의 1학기 생활주제는 「즐거운 유치원」, 「나」, 「봄」, 「가족」, 「동물」, 「동네와 지역사회」, 「여름」이고, 2학기 생활주제는 「교통기관」, 「우리나라」, 「환경보호와 소비생활」, 「가을」, 「겨울」, 「유치원 졸업과 초등학교 입학」입니다. 기존 만 5세 교육과정 운영의 실제에서 제시한 생활주제 중 「세계 여러 나라」의 교육 내용을 각 생활주제로 나누어 삽입했고, 「즐거웠던 여름방학」을 「여름」으로 통합했습니다. 그리고 「교통기관」

과 「환경보호와 소비생활」을 새로운 생활주제로 추가했습니다.

『이화유치원 만 5세 교육과정 운영의 실제』는 동일하게 3개의 장으로 구성되어 있습니다. 1장에서는 각 생활주제 선정의 의의와 교육 목표를 소개했습니다. 생활주제에서 다루어야 할 학습 내용을 2~5개의 주제로 구분하고, 주제별로 교육 목표와 내용을 설명했습니다. 2장에서는 교육환경에 대해 소개했습니다. 원내와 교실의 흥미 영역을 교육 내용에 적합하게 구성하는 방법을 설명했고, 사진을 실례로 소개했습니다. 3장에서는 생활주제에 적합한 교육활동을 주제별로 소개했습니다. 교육활동의 전개 방법에서는 유아들이 흥미를 가지고 능동적으로 참여하여 교육 내용을 이해하고 학습할 수 있도록 하기 위해 교사가 만 5세 유아들의 발달 수준, 지식, 경험 등에 적합한 교육적 대화를 어떻게 나누는지를 소개하는 데 중점을 두었습니다. 이 책에 수록된 교육활동을 현장에서 실시할 때 도움이 되도록 교사의 질문 및 언어적 상호작용을 구체적으로 자세하게 기술하였고, 내용을 쉽게 이해할 수 있도록 사진 및 삽화를 수록했습니다. 활동 시 참고할 사항을 Tip으로 제시했고 유의점에 주의해야 할 사항을 설명했습니다. 또한 확장활동 및 관련활동을 제시하여 교육활동들 간의 연계성을 강조했습니다. 부록에는 주간교육계획안과 일일교육계획안의 예시를 수록하여 실제 교육계획안 수립 시 참고할 수 있도록 했습니다.

이화유치원에서는 교육과정의 학습경험 설정 및 효과적 조직에서 요구되는 세 가지 준거—계속성(continuity), 계열성(sequence), 통합성(integraty)—를 갖추고자 지속적인 연구와 노력을 거듭하고 있습니다. 이 책에서는 만 3, 4, 5세 교육과정 간 계속성, 계열성, 통합성에 초점을 맞추어 연구·개발된 새로운 생활주제, 주제 및 교육활동들을 소개했습니다. 또한 본 유치원에서 지난 10여 년간 실행해 온 각종 연구들—기본생활습관교육, 소비자교육, 극놀이, 요리활동, 종일반 프로그램, 수학교육, 리더십교육, 언어교육, 동작교육, 문학교육, 전통문화예술교육—을 통해 새롭게 개발된 생활주제, 주제 및 교육활동들을 이 책에 소개했습니다. 기존 『만

5세 어린이를 위한 유치원 교육과정 운영의 실제』에 수록되었던 활동들의 경우, 최근 유아들의 발달적 특성, 요구, 흥미에 적합하게 또한 시대적 변화와 요구에 부응할 수 있도록 수정ㆍ보완해서 소개했습니다.

그동안 이 책이 출판될 수 있도록 도와주신 여러 분들께 머리 숙여 감사를 드립니다. 먼저 『이화유치원 만 5세 교육과정 운영의 실제』를 함께 집필해 주신 이화유치원 전ㆍ현직 교사들―오지영, 강경미, 곽진이, 김혜전, 이누리, 전우용―께 감사를 드립니다. 유아교육 발전을 위한 이화유치원의 사명을 완수하기 위해 지난 몇 년간 주말이나 공휴일은 물론이고 방학에도 쉬지 못하면서 이 책의 집필 과정에 참여해 주신 여러 분들의 헌신적 노력은 유아교육의 역사에서 오래 기억될 것입니다. 이 책의 집필 과정에서 여러모로 도움을 주신 이화유치원 전ㆍ현직 교사들―최수연, 강지영, 최지은, 정은화, 박보람―께도 깊은 감사를 드립니다. 또한 이 책을 출판해 주신 (주)교문사 류제동 사장님, 정용섭 부장님을 비롯한 직원 여러 분들께도 진심으로 감사를 드립니다.

끝으로 이 책이 출판될 수 있도록 간접적으로 도와주신 분들께도 감사를 드립니다. 그동안 유아교육을 공부하는 학부생 및 대학원생, 유아교사, 유아교육학자, 유아교육 전문가 및 행정가, 심지어 학부모들께서도 이 책이 언제 출판되는지를 문의하고 출판을 서둘러 주기를 부탁하셨습니다. 『이화유치원 만 3, 4, 5세 교육과정 운영의 실제』를 하루빨리 출판해 달라는 많은 분들의 요청이 저희들에게 든든한 힘과 격려가 되어 주었기에 이 자리를 빌려 감사의 마음을 전하며, 여러분들께서 기대하신 만큼 큰 도움 받으시기를 바랍니다.

2011년 7월 25일

집필진 대표 홍용희

차 례

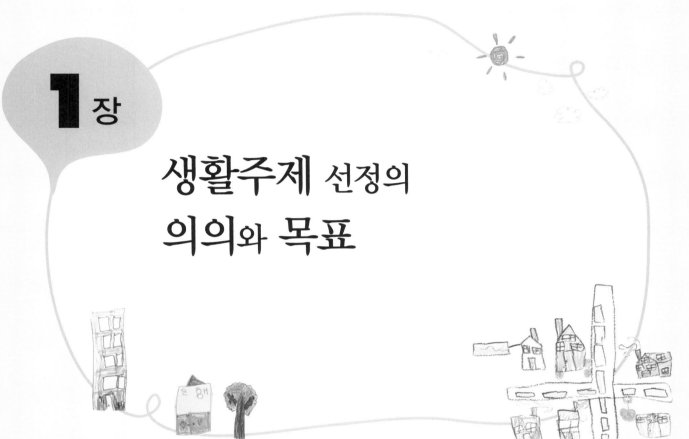

1장

생활주제 선정의
의의와 목표

1장

생활주제 선정의 의의와 목표

1. 생활주제 선정

유아들은 나와 가족에 대한 관심과 호기심을 더 넓은 생활공동체인 동네와 지역사회로 확장시켜 나간다. 자신이 살고 있는 집과 유치원이 특정 동네에 포함됨을 이해하고, 주변의 다양한 지역사회 기관에 관심을 갖는다. 유아들은 자신이 포함된 동네의 위치와 지리 관계에 대해 학습함으로써 지역사회의 구성원으로서 자신을 인식하고 보다 넓고 다양한 관점에서 세상을 인식하게 된다.

유아들은 자신과 유치원 동네에 있는 다양한 지역사회 기관에 대해 관심을 갖는다. 지역사회 기관의 여러 종류와 역할에 대해 탐구함으로써 다양한 사회 구성원들이 함께 살아가기 위해 각자 맡은 역할을 수행하며 서로 도움을 주고받음을 이해한다. 이를 통해 유아들은 지역사회 안에서 다른 사람들과 함께 살아가는 존재로서 나를 인식할 수 있다. 또한 유아들은 점차 성장해 나감에 따라 사회구성원으로서의 책임 있는 역할을 수행하고 협력적인 태도를 갖추어야 한다. '동네와 지역사회' 생활주제는 유아들이 자신을 지역사회 구성원으로 인식하고 자신이 속한 지역사회의 생활을 이해함으로써 지역사회 구성원으로서 바람직한 자질을 갖추도록 하기 위해 생활주제로 선정되었다.

2. 주제 및 목표 선정

'동네와 지역사회' 생활주제는 '내 동네', '유치원 동네', '지역사회' 로 구성되었다.

생활 주제	주 제
동네와 지역사회	내 동네
	유치원 동네
	지역사회

각 주제별 교육 목표 및 교육 내용은 다음과 같다.

주제	분류	목표 및 내용
1. 내 동네	교육 목표	• 동네에는 여러 가족이 모여 살고 있음을 안다. • 나의 집이 있는 동네 이름(주소)을 정확하게 안다. • 동네에 있는 문화재에 관심을 갖고 탐구한다. • 이웃 간에 예절을 지킨다. • 이웃끼리 서로 돕는 태도를 갖는다.
	교육 내용	'내 동네' 주제는 유아들이 자신이 속한 동네의 이름과 지리적 위치를 알고 동네의 자랑거리를 앎으로써 동네 구성원으로서 자신을 인식할 수 있도록 선정한 주제이다. 유아들은 여러 가족이 모여 특정 동네를 구성함을 알고 자신의 집 주소와 지리적 위치에 대해 조사한다. 같은 동네에 살고 있는 이웃에도 관심을 가지며 협력적인 태도를 기르도록 한다.
2. 유치원 동네	교육 목표	• 지역에 따라 동네의 모습이 다름을 안다. • 동네마다 이름이 다름을 안다. • 유치원이 있는 동네 이름을 안다. • 친구들이 사는 동네 이름에 관심을 가진다. • 집에서 유치원으로 오는 방법을 안다.
	교육 내용	'유치원 동네' 주제는 유아들이 자신이 다니고 있는 유치원 동네에 대해 알아보고 나아가 주변의 다른 동네에 관심을 갖도록 선정한 주제이다. 유아들은 여러 동네 간의 지리적 위치와 관계에 대해 탐구한다. 또한 지리적 특성에 따라 동네의 모습이 다름을 알며 점차 다양한 동네에 관심을 갖도록 한다.
3. 지역사회	교육 목표	• 생활의 편리함을 위해 여러 기관이 필요함을 안다. • 지역사회 기관의 역할에 대하여 안다. • 지역사회에는 여러 형태의 건물과 시설이 있음을 안다. • 동네 사람들은 여러 가지 일을 하고 있음을 안다. • 다양한 지역사회 기관을 경험해 본다. • 공공장소에서 지켜야 할 예절을 알고 실천한다. • 지역사회 기관에 종사하시는 분들께 감사하는 마음을 갖는다.
	교육 내용	'지역사회' 주제는 유아들은 사람들이 함께 모여 살면서 생활의 편리함을 위해 여러 기관이 필요함을 학습하도록 선정한 주제이다. 유아들은 자신이 살고 있는 동네나 유치원 동네, 주변의 동네에 대해 알아보면서 그 안에 위치한 다양한 지역사회 기관에 관심을 갖는다. 유아들은 여러 지역사회 기관에 현장학습을 다녀옴으로써 지역사회 기관의 종류, 기능과 기관에 종사하는 사람들의 역할에 대해 학습한다. 또한 서울의 사대문과 같이 과거의 지역사회 기관에 대해서도 조사한다. 나아가 유아들이 사회 안에서 맡은 일에 책임을 다하고 서로 도와가는 바람직한 사회 구성원으로서 성장할 수 있도록 한다.

2장

환경 구성

2장

환경 구성

1. 실내 환경 : 현관, 복도

1) 게시판

유치원 주변 환경이나 여러 집들로 구성된 동네를 배경으로 지역사회 기관 현장학습 일정 등 유치원 교육활동에 관련된 각종 안내사항을 게시한다. 이후 유아들이 유치원 주변 지역을 견학한 후 그린 그림이나 동네의 집과 기관 그림을 전시하여 게시판을 완성해 나간다. 아울러 매일의 급·간식 재료의 원산지를 게시한다.

6월 유치원 현관 게시판

2) 복도 벽면

유아들이 현장학습을 다녀온 후 경험을 회상하고 공유할 수 있도록 관련 자료를 복도 벽면에 전시한다. 유아들이 지역사회 기관을 견학하는 모습이 담긴 사진이나, 현장학습에서 재미있었던 일 그림, 현장학습 전·후에 유아들이 조사한 내용 등을 게시한다.

현장학습에서 재미있었던 일

3) 복도 영역

유아들이 지역사회 기관을 체험할 수 있도록 복도 영역에 특정 지역사회 기관에서 볼 수 있는 것들을 전시한다. 식료품 가게의 경우 과일, 야채, 생선 등 다양한 식료품 모형을 제시하여 유아들이 여러 가지 식료품에 호기심을 갖고 관찰할 수 있도록 한다. 복도 영역에 전시한 식료품 모형은 전시를 마친 후 각 학급에서 가게 놀이를 할 때 활용할 수 있도록 한다.

이화 식료품 가게

2. 실내 환경 : 교실

- 생활주제 : 지역사회

- ○○○반 흥미 영역 배치도　　　　　　　○○○○학년도 ○월 ○주 ~ ○월 ○주

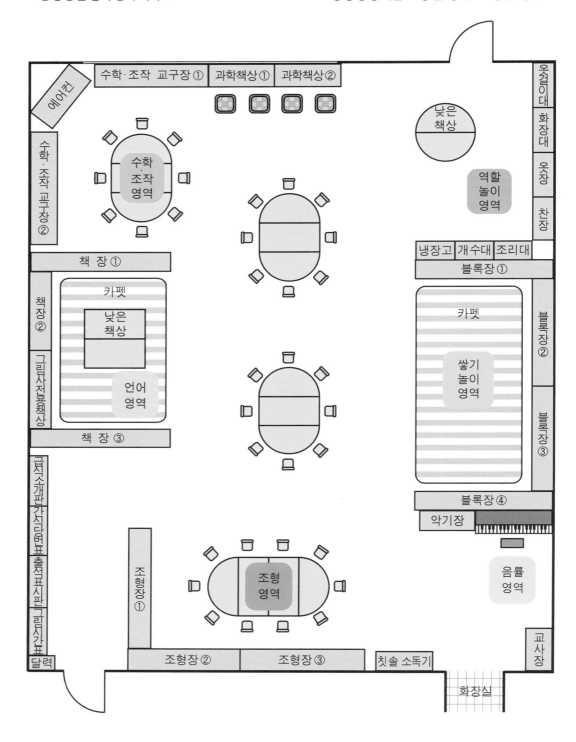

1) 교실 벽면

(1) 출석 표시판

동네의 길과 건물, 동네를 다니는 사람들과 교통기관을 소재로 출석 표시판을 만든다. 여러 갈래의 길과 건물들로 동네의 모습을 표현한 출석 표시판 배경에, 유아들이 사람들, 자동차, 비행기 등을 그려 만든 이름표를 붙이도록 한다.

출석 표시판

(2) 벽면 전시

교실 벽면에 '내가 사는 동네', '우리 동네의 문화재', '유치원 동네', '이화여자대학교 지도 보고 야외학습 다녀오기' 등 이야기나누기 활동 자료와 유아들이 자신의 동네에 대해 조사해 온 내용을 게시하여 내가 살고 있는 동네와 유치원 동네에 관심을 갖고 공간과 위치 개념을 형성할 수 있도록 한다. 현장학습을 다녀온 여러 지역사회 기관(예: 은행, 서점, 보건소, 우체국, 경찰서 등)에서 찍은 사진, 현장학습을 통해 알게 된 점을 기록한 글과 그림 등을 게시하여 유아들의 현장학습 경험 회상을 돕는다.

숭례문과 서울의 사대문에 대해 조사한 것

우체국 현장학습 사진 및 현장학습을 통해 알게 된 것

2) 흥미 영역

(1) 언어 영역

① 읽기 영역

지역사회에서 볼 수 있는 다양한 기관들이 하는 일, 유치원 동네나 지역사회 기관 관련 그림책을 비치하고, 지역사회 기관에서 발행하는 안내책자 및 생활정보지, 지역구청이나 기타 행정기관에서 발행하는 소식지 등 생활주제와 관련된 자료를 함께 제시한다. 유아들이 현장학습을 다녀와서 경험한 내용이나 알게 된 점을 책으로 만들어 읽기 영역에 게시한다.

언어 영역 전경

② 쓰기 영역

유아들이 그림 사전을 만들 때 참고할 수 있도록 지역사회 기관의 사진, 지역사회에 종사하는 사람들의 사진과 화보를 벽면에 제시한다. 그림사전에 붙일 여러 가지 상품이 인쇄된 광고전단지, 카탈로그 등을 준비한다.

우체국 견학 후, 편지 쓰기 활동을 할 수 있도록 쓰기 영역 내에 편지 쓰는 공간을 마련한다. 편지봉투, 편지지, 필기도구(예: 연필, 지우개, 사인펜, 색연필 등)를 비치하고, 벽면에는 편지를 바르게 쓰는 방법과 관련된 게시물(예: 주소, 이름, 우편번호 등이 정확하게 기입된 편지 봉투를 보기에 쉽도록 크게 확대한 것, 편지에 사용되는 예시 문구 등)을 게시하여 유아들이 편지를 쓰고 보낼 때 참고할 수 있도록 한다.

편지 쓰기

(2) 쌓기 놀이 영역

유아들이 동네를 구성할 수 있도록 다양한 지역사회 기관 그림자료나 지역사회 기관 그림 블록을
제공한다. 유아들이 구성한 동네에서 상상놀이를 할 수 있도록 다양한 직업 종사자를 나타내는 인
형 소품을 준비한다. 동네를 구성하고 상상 놀이를 하는 데에 참고할 수 있도록 유치원 주변의 지
도, 지역사회 기관 및 종사자에 대한 화보를 쌓기 놀이 영역 벽면에 게시한다.

쌓기 놀이 영역 전경

지역사회 종사자 인형 소품

지역사회 기관 그림 블록

(3) 역할 놀이 영역

지역사회 기관으로 현장학습을 다녀온 후 유아들과 의논하여 역할 놀이 영역 환경을 바꾼다. 우체국
놀이의 경우 가구를 배치하고, 옷, 모자, 가방, 편지봉투, 편지지, 필기구, 우표, 도장, 우체통, 저울 등의
소품을 준비한다. 놀이에 참여하는 유아가 많거나 놀이가 확장될 경우 개수대, 조리대, 그릇장, 옷장 등
역할 놀이 영역의 기본 교구장은 일시적으로 치워 둔다. 놀이 환경 구성 초기에는 교사가 기본적인 소
품을 제시하고 유아들과 놀이 평가를 통해 정한 소품을 점차 추가해 나간다. 놀이를 진행하면서 지속
적인 평가를 통해 더욱 재미있게 놀기 위한 방법을 의논하면서 놀이를 심화, 확장시켜 나가도록 한다.

우체국 놀이

우표, 도장, 스탬프, 모자, 가방

소포 꾸러미, 옷

(4) 수학 · 조작 영역

동네와 지역사회의 모습 퍼즐, 지역사회 기관 도미노, 지역사회 기관과 일하는 사람 짝 짓기 등 사고력과 수리력을 발달시킬 수 있는 개인용 조작교구를 중심으로 수학 · 조작 영역을 구성한다. 유치원 동네와 내가 사는 동네 거리를 표시한 지도, 동네 이름 그래프 등을 벽면에 게시하여 유아들이 주변의 여러 동네에 관심을 갖고 동네 간 위치 관계를 인식하며 거리를 비교해 볼 수 있도록 한다.

수학 · 조작 교구장

(5) 과학 영역

지구본, 세계지도, 우리나라 전도, 서울특별시 지도, 구청 관내도, 유아들이 만든 지도 등 다양한 종류의 지도를 갖추어 과학 영역에 제시한다. 유아들이 여러 가지 지도에 관심을 갖고 탐색함으로써 주위에 대한 인식을 확장하고 다양한 관점으로 주변 세계를 탐구할 수 있도록 한다. 현장학습 장소 및 지역사회 기관의 약도가 소개된 소책자를 제시하여 유아들이 주변 지역사회 기관에 관심을 갖고 위치와 장소에 대해 생각해 볼 수 있도록 한다. 또한 자석의 성질을 활용한 미로 찾기 놀이를 할 수 있도록 자석을 부착한 말과 자석 막대, 미로를 인쇄한 투명 필름을 제시한다.

다양한 지도

미로 찾기

(6) 조형 영역

유아들이 유치원 주변에 현장학습을 다녀온 후 동네를 재구성해 볼 수 있도록 한다. 여러 가지 재료를 활용해 지역사회 기관 구성물을 만들어 볼 수 있도록 폐품, 이면지, 광고전단지 등을 준비한다. 벽면에는 견학지에서 찍은 사진, 유치원 주변 지역 사진이나 지역사회 기관 사진, 유아들의 작품 등을 전시한다.

조형 영역 전경

이면지, 광고전단지 등 다양한 종이

(7) 음률 영역

기존에 비치되어 있던 악기의 일부를 교체하거나 새로운 악기를 추가한다. 유아들이 리듬을 탐색하고 간단한 멜로디를 연주해 볼 수 있도록 익숙한 노래의 악보와 실로폰 등의 멜로디 악기를 제시한다. 노래 부르기 활동 시 사용하였던 자료를 제시하여 유아들이 자료를 조작하며 노래를 불러 볼 수 있도록 한다.

음률 교구장

악보와 멜로디 악기

3장

활동

★ 주제별 활동 목록

		내 동네	유치원 동네	지역사회
자유 선택 활동	쌓기 역할 놀이	우리 동네 만들기		숭례문 만들기
	역할 놀이 영역			우체국 놀이 도서관 놀이 문지기 놀이
	언어 영역	○○○ 반 주소록 만들기	신문 만들기	편지 쓰기
	수학 · 조작 영역	옛날 사람들이 살던 모습 그림 맞추기		
	과학 영역			전자우편(e-mail) 보내기
	조형 영역	내 동네 지도 만들기	유치원 동네 꾸미기 먹지 그림 그리기	
	음률 영역	국악 감상하고 이야기 만들기		
	실외 영역			
대소 집단 활동	이 야 기 나 누 기	내가 사는 동네 우리 동네를 보여 주는 홈페이지 우리 동네 문화재 우리 동네 안전 지킴이집 옛날 사람들이 살았던 동네	유치원 동네 도시 · 농촌 · 산촌 · 어촌 새 소식 전하기	서로 돕는 우리 동네 편지가 도착하기까지 유치원 도서실 이용방법 출판사 숭례문 서울의 사대문
	동화 · 동극 · 동시	옛날 사람들이 만든 지도(동화)		우리 동네의 여러 가지 기관(동화) 장미꽃과 재채기(동극) 바람 부는 날(동극) 편지는 요정(동시) 책 만들기(동화)
	노래 · 음악 · 악기 연주	풍물놀이(음악감상)		
	율동	동네 한 바퀴		
	신체	지도 보고 물건 찾아오기(게임) 짝과 함께 공 옮기기(게임)	가위 · 바위 · 보(게임)	책 제목 알아맞히기(게임)
	수학	○○○ 의집 찾기		도서관 책 정리하기 이 달의 인기 책
	과학	머핀 만들기		
	사회		지도에서 유치원 동네와 내가 사는 동네 찾기 이화여자대학교 지도 보고 야외학습 다녀오기	우체국 현장학습 도서관 방문 인터넷으로 책 구입하기 출판사 현장학습

※ 본 교재에 수록된 활동은 만 5세 '동네와 지역사회' 생활주제에서 실시하고 있는 교육 활동 중 일부만 소개된 것입니다.

1. 내 동네

활동 1 내가 사는 동네

집단형태

대집단활동

활동유형

이야기나누기

활동자료

유아들이 조사해 온 집 주소, 그래프를 만들 종이, 기록용구(예: 네임펜, 매직 등), 서울특별시 지도

🅣IP 1 활동 전날 귀가지도 시간에 집에서 유치원을 오가는 방법에 대해 이야기한 후 집에서 부모님의 도움을 받아 집주소를 종이에 적어오기로 한다.

🅣IP 2 그래프 옆에 지도를 제시하여 유아들이 지도에서 자신이 사는 동네 이름을 찾아보고 표시하게 한다.

그래프 만들기

활동목표

■ 우리 집의 주소를 안다.

■ 동네마다 이름이 있음을 안다.

■ 친구들이 사는 동네 이름에 관심을 갖는다.

■ 집과 유치원을 오가는 방법을 안다.

활동방법

○ 유아들이 등원하는 대로 혹은 방안놀이 시간에 집에서 알아온 자신의 이름과 동네 이름을 막대그래프에 적도록 도와준다. **🅣IP 1**

○ 그래프를 완성한 후 그래프와 지도를 보며 이야기를 나눈다.

■ 우리 반에서 □□동에 살고 있는 어린이는 모두 몇 명인가요?

■ □□동을 지도에서 찾아봅시다. **🅣IP 2**

■ 우리 반에서 가장 많은 어린이들이 살고 있는 동 이름은 무엇인가요?

■ □□동에 사는 어린이들은 △△동에 사는 어린이들보다 몇 명이 더 많은(적은)가요?

■ □□동과 △△동은 모두 어떤 구에 있나요?

■ ☆☆구를 지도에서 찾아봅시다.

■ 우리 반에서 가장 많은 어린이들이 살고 있는 구 이름은 무엇인가요?

■ ☆☆구에 사는 어린이들은 ◇◇구에 사는 어린이들보다 몇 명이 더 많은(적은)가요?

⋮						
3	○○○					
2	○○○				○○○	
1	○○○	○○○			○○○	○○○
동	대현동	신촌동	…		이촌동	한남동	…
구	서대문구			용산구		
시	서울시					

내가 사는 동네 그래프

○ 동네를 구분하는 이유에 대하여 이야기를 나눈다.

■ 지도에 또 어떤 동네 이름들이 있나요?

■ 왜 서울특별시를 여러 구로 나누었을까요?

　　• 서울이라는 도시가 너무 크기 때문에 서울을 25개의 구로 나누었다.

　　• 이렇게 작은 동네로 나누면 찾아가거나 편지 보내기가 쉽다.

　　• 각 구를 □□동, △△동과 같은 동으로 나누었다.

관련활동

■ 이야기나누기 '유치원 동네' (56쪽 참고)

■ 조형 영역 '내 동네 지도 만들기' (38쪽 참고)

활 동 2 우리 동네 만들기

집단형태

자유선택활동

활동유형

쌓기 놀이 영역

활동자료

동네 모습이 담긴 사진, 기록 용구(화이트보드, 보드마카 펜), 여러 가지 블록 등

활동목표

■ 우리 동네에 다양한 지역사회 기관이 있음을 안다.

■ 지역사회 기관의 종류 및 기능을 안다.

활동방법

○ 유아들이 살고 있는 동네와 동네에 있는 다양한 기관에 대해 이야기한다.

　■ ○○는 어느 동네에 살고 있나요?

　■ ○○네 집 근처에는 어떤 건물들이 있나요?

　　• 경찰서, 소방서, 우체국, 병원, 은행, 동사무소, 도서관 등

　■ ○○ 건물의 모습은 어떻게 생겼나요? 집에서 ○○까지 어떻게 가나요?

　　• 우리 집에서 오른쪽 골목으로 나가면 안과가 있다. 건물 위쪽에 안과라고 이름이 적혀 있다.

　　• 우리 집에서 곧바로 나와 건널목을 건너면 ○○우체국이 있다. 우체국 간판에 빨간 제비 그림이 그려져 있다. 건물 앞에는 우체통도 놓여 있다.

　■ 집 주변에는 또 어떤 것들이 있나요?

　　• 골목길, 나무와 풀, 가로등, 놀이터, 안내 표지판 등

○ 블록으로 우리 동네를 만드는 활동을 계획한다.

　■ 블록으로 우리 동네를 만들어 보기로 해요.

　■ 우리 동네에 어떤 건물들을 세울까요?

　　• 우체국, 병원, 경찰서, 소방서 등

　■ ○○을 어떻게 만들까요?

　　• 건물 그림이 있는 블록을 세운다.

　　• 블록으로 건물을 만들고 꾸민다.

　예) 우체국: 갈색 블록으로 건물을 짓는다. 종이에 우체국 표시 그림을 그려 우체국 간판에 붙인다. 우체국 옆에는 재활용 박스에 빨간 종이를 붙여 우체통을 만들어 세운다.

　예) 병원: 밝은 색 블록으로 건물을 짓는다. 병원 이름을 정하고 건물 옆에 간판을 붙인다.

　예) 경찰서: 파란색 블록으로 건물을 짓는다. 건물 옆에 경찰차가 있는 주차장을 만든다.

예) 소방서: 재활용품 상자로 건물을 짓고 소방차를 만든다. 소방복과 소방원들이 사용하는 물건(예: 소화기, 물 호스 등)들을 준비하여 건물 안에 둔다. 소방차를 주차시켜 둔다.

■ 동네 주변에 또 어떤 것들을 꾸미고 싶은가요?

• 나무와 풀, 안내 표지판, 집

■ ○○는 어떻게 꾸미면 좋을까요?

• 나무와 풀, 가로등: 종이에 그림을 그린 후, 블록이나 종이상자에 붙여 세운다.

• 안내 표지판: 종이에 화살표를 그리고 각 기관 이름을 적는다. 뒷장에 두꺼운 판지를 붙여 벽면이나 막대기를 세워 붙인다.

• 우리가 사는 집: 종이벽돌블록이나 재활용 상자를 이용하여 우리가 사는 집을 만든다.

○ 2~3명씩 팀을 구성하여 병원, 경찰서 등을 만들게 한다.

○ 놀이 후 놀이평가를 하며 개선할 점, 더 재미있는 놀이를 위해 필요한 점을 이야기 나누고 이를 반영하여 놀이를 확장한다.

우리 동네 만들기

완성한 우리 동네

확장활동

■ 놀이를 하면서 유아들이 여러 지역사회 기관에 대해 관심을 갖고, 더 알고자 하는 모습을 보일 경우, 특정 주제로 활동을 진행하거나 혹은 직접 기관에 현장학습을 다녀온다.

■ 우리 동네를 구성하면서 유아들이 특정 지역사회 기관에 관심을 많이 보일 경우 유아들과 의논하여 역할 놀이 영역을 ○○기관으로 꾸민다.

관련활동

■ 조형 영역 '내 동네 지도 만들기' (38쪽 참고)

■ 이야기나누기 '내가 사는 동네' (18쪽 참고)

○○○반 주소록 만들기

활동목표

- 주소의 필요성을 안다.
- 나의 집 주소를 안다.
- 친구가 사는 동네에 관심을 갖는다.

활동방법

○ 활동하기 전 날, 유아들이 가정에서 자신의 집 주소를 알아오도록 한다.

○ 주소의 필요성에 대해 이야기 나눈다.

- 집의 위치를 알려주는 것을 '주소'라고 해요. '주소'를 모르면 집을 찾기가 어려워요.
- 나의 집 주소를 알아 왔나요? 외우고 있는 사람이 있나요?
- 주소를 알아야 하는 이유는 무엇일까요?
  - 엄마·아빠를 잃어버렸을 때 집주소를 알고 있으면 경찰관이나 어른들이 집을 찾아줄 수 있다.
  - 편지를 보낼 수 있다.
  - 친구네 집에 찾아갈 수 있다.
  - 모르는 곳을 찾아갈 수 있다.
  - 음식을 배달시킬 수 있다.

○ 주소를 기입하는 형식에 대해 알아본다.

- 내가 사는 동네에 대해 이야기를 나누고, 어디에 살고 있는지 지도에 표시해 보았어요. 지도에 동네의 이름이 나타나 있어요. 어떤 이름들을 보았나요?
- 우리가 사는 곳의 주소는 동네의 이름과 길의 이름, 건물의 번호로 이루어져 있어요.
- (지도를 보며) 이화유치원은 어느 나라에 있나요?
  - 대한민국
- 이화유치원은 이화여자대학교에 있어요. 이화여자대학교는 대한민국의 서울이라는 도시 안의 서대문구, 서대문구 안의 대현동에 있어요. 그리고 서대문구의 많은 길 중에서 '이화여대길'에 있지요. 이화여자대학교 건물 번호는 52예요. 그래서 우리 유치원의 주소는 '서울특별시 서대문구 이화여대길 52'라고 써요.

■ (편지봉투에 적힌 주소를 보여 주며) 유치원으로 온 편지에 쓰인 주소를 살펴볼 게요. 정말 '서울특별시 서대문구 이화여대길 52' 라고 쓰여 있군요.

■ 이렇게 주소를 알면 편지를 보내거나 처음 가보거나 모르는 장소가 어디에 있는지 찾을 수 있어요.

■ 친구들에게 나의 집 주소를 소개해 줄 사람이 있나요?

○ 주소록 만들기에 대해 안내한다.

■ 여러 사람들의 주소를 적어 놓은 책을 '주소록' 이라고 해요. ○○○반 어린이들의 주소를 모아 주소록을 만들어 봅시다.

■ 주소록에 무엇을 적어야 할까요?

　• ○○○반 어린이들의 이름, 집 주소, 전화번호 등

■ 종이에 자기 이름을 적고 옆에는 주소와 전화번호를 적으세요.

○ 유아들이 주소록을 만든다.

○ 완성된 주소록을 살펴본다.

■ 완성된 주소록을 살펴보세요. 집 주소가 비슷한 사람이 있나요? 집 주소의 어느 부분이 같나요?

○ 완성된 주소록과 지도에 표시한 자신의 집 주소를 비교해 본다.

■ 지도에 표시했던 집의 위치와 주소록을 비교해 봅시다. 지도에 적혀 있는 동네 이름과 주소록에 적은 주소가 서로 같나요?

○ 다른 친구들의 집 주소를 살펴본다.

○○○ 반 주소록 **T**IP 2

TIP 2 글씨를 쓰기 어려워하는 유아의 경우, 교사가 함께 손을 잡고 써 주거나, 보고 쓸 수 있게 도와준다.

유의점

■ 주소는 유아들의 개인정보이므로 유치원 관계자 외의 사람들에게 유출되지 않도록 유의한다.

관련활동

■ 조형 영역 '내 동네 지도 만들기' (38쪽 참고)
■ 이야기나누기 '내가 사는 동네' (18쪽 참고)

활동 4 우리 동네를 보여 주는 홈페이지

집단형태

대집단활동

활동유형

이야기나누기

활동자료

유아들이 조사해 온 자료

활동목표

- 우리 동네를 나타내는 것들이 있음을 안다.
- 우리 동네를 나타내는 것에 담긴 의미에 관심을 갖는다.

활동방법

○ 유아들이 살고 있는 동네의 이름을 소개한다.
- 내가 살고 있는 동네의 이름은 무엇인가요?

○ 동네마다 홈페이지가 있음을 이야기한다.
- ○○가 살고 있는 동네에 가 본 적이 있나요?
- 어떤 동네에 직접 가 보지 않고도 그 동네에 대해 알 수 있는 방법이 있어요. 어떤 방법이 있을까요?
  - 그 동네에 사는 사람에게 이야기를 듣는다.
  - 그 동네를 소개하는 글, 그림을 본다.
- 동네를 소개하는 글과 그림을 어디에서 볼 수 있을까요?
  - 각 동네가 속한 '구'의 홈페이지가 있어 홈페이지를 방문하면 볼 수 있다.

○ 자치구 홈페이지를 방문하여 서대문구를 나타내는 것들에 대해 이야기를 나눈다. **T**IP

- 유치원이 있는 대현동이 속해 있는 서대문구 홈페이지에 들어가 봅시다.
- '서대문구' 이름 옆에 어떤 그림이 있네요. 이것은 무엇일까요?
  - 서대문구를 나타내는 그림이다.
- 서대문구를 나타내는 그림( )을 봅시다. 어떤 모양들이 보이나요?
  - '구' 이름인 서대문의 'ㅅ'과 사람을 뜻하는 글자 '人(사람인)'의 모양을 가지고 만들었다.
- 무슨 뜻을 가지고 있을까요?
  - 서대문구에 사는 사람들이 가장 중요하고 특별한 사람으로 생각되기를 바라는 마음이 담겨 있다.
  - 서대문구 사람들의 행복한 웃음과 미소가 힘찬 앞날을 만들어 준다는 뜻이 담겨 있다.

○ 그 밖에 서대문구를 나타내는 색깔, 나무, 꽃, 새 등을 알아본다.

TIP 본 원고에서는 이화유치원이 위치한 '서대문구'를 예로 설명하였다.

- 서대문구를 나타내는 색깔은 무엇일까요? 어떤 뜻이 담겨 있을까요?
  - 초록색: 우리 '구' 는 푸른색의 풀과 나무가 우거져서 사람들이 살기 좋은 자연환경을 이루고 있다.
- 서대문구를 나타내는 나무와 꽃도 있어요. 무슨 나무인가요? 무슨 꽃인가요?
  - 소나무, 장미
- 소나무와 장미에는 어떤 마음이 담겨 있을까요?
  - 소나무: 소나무가 늘 푸른색인 것처럼 우리 동네도 오래오래 계속 되기를 바라는 마음이 담겨 있다.
  - 장미: 장미는 어디서든지 잘 자라고 사랑을 의미한다. 우리 동네 모든 사람들과 가정을 사랑으로 지켜 주기를 바라는 마음이 담겨 있다.
- 서대문구를 나타내는 새는 무엇일까요? 무슨 뜻을 가지고 있을까요?
  - 까치: 옛날 사람들은 까치가 좋은 소식을 전해 준다고 생각했다. 우리 '구' 사람들에게도 항상 행복한 일이 있기를 바라는 마음이 담겨 있다.

○ '서대문구' 를 나타내는 것(예: 기호, 색깔, 나무, 꽃, 새 등)이 필요한 이유에 대해 이야기한다.
  - 우리 '구' 를 나타내는 것들이 있으면 어떤 점이 좋을까요?
    - 다른 '구' 에 살고 있는 사람들에게 우리 동네를 잘 알려줄 수 있다.
    - 다른 사람들이 우리 '구' 를 잘 기억할 수 있다.
    - 그 표시가 있는 물건이 우리 '구' 의 것임을 쉽게 구별할 수 있다.
  - 우리 '구' 에서 만든 물건이나 신문, 책 등에 우리 '구' 를 나타내는 표시를 그려 넣기도 해요. 집이나 주변에서 우리 '구' 를 나타내는 표시가 그려져 있는 물건이 있으면 가지고 와서 친구들과 함께 보도록 합시다.
○ 유아들이 '구' 를 상징하는 것들에 대해 조사해 온 자료와 물건들을 학급에 전시하여 다른 '구' 에 대해서도 관심을 갖도록 한다.

관련활동
- 이야기나누기 '우리 동네 문화재' (26쪽 참고)

5 우리 동네 문화재

집단형태
대집단활동

활동유형
이야기나누기

활동자료
우리나라 유형문화재와 무형 문화재 사진, 우리 동네 문화 재 사진(예: 독립문), 프랑스 의 개선문 사진, 유아들이 조 사해 온 자료

활동목표
- 우리 동네에서 볼 수 있는 문화재의 유래, 특징에 관심을 갖는다.
- 문화재를 소중히 여기고 보호하는 태도를 기른다.

활동방법
○ 문화재의 의미와 종류에 대해 이야기한다.
- 문화재라는 말을 들어본 적이 있나요?
  - 문화재는 우리 조상이 남긴 것으로 조상들이 살던 모습, 사용하던 물건, 지혜 로운 생각이 담겨 있는 소중한 것들을 말한다.
- 문화재에는 어떤 것들이 있을까요?
  - 성문, 탑, 그릇, 그림과 같이 우리 눈에 보이는 문화재도 있고, 노래, 춤과 같 이 눈에 보이지 않는 문화재도 있다.
  - 식물이나 동물 중에서 특별히 보호해야 하는 것을 문화재로 정해 놓기도 한 다(천연기념물).

○ 우리 동네의 문화재를 소개하고, 문화재의 유래, 특징 등에 대해 이야기한다. **ⓣIP 1**
- 우리 동네에도 소중한 문화재가 많이 있어요. 어떤 것들이 있을까요?

| 서대문구 '독립문' |
- 이것은 무엇일까요? 우리 동네에서 이것을 본 적이 있나요?
  - 독립문
- 어떻게 생겼나요?
  - 가운데 무지개 모양의 문(홍예문)이 있다.
  - 왼쪽 안을 보면 문 꼭대기로 올라가는 돌층계가 있다.
  - 홍예문의 위쪽 부분에 꽃무늬와 한글과 한자로 '독립문'이라는 글자가 새겨 져 있다. 글자 옆에는 태극기도 함께 새겨져 있다.
  - 프랑스 파리의 개선문의 모습을 보고 비슷하게 만들었다.
- 무엇으로 만들었을까요?
  - 돌을 쌓아서 만들었다.
- 왜 이 곳에 독립문을 만들었을까요?

ⓣIP 1 문화재청 어린이한마당 홈페이지(http://www.kids.cha.go.kr) 에서 각 지역별 문화재를 검색할 수 있으며 문화재 관련 자료(사진, 설명)를 제공받을 수 있다.

- 지금으로부터 약 120년 전(1894~1896년)에 우리나라에서 일어나는 일에 다른 나라 사람들이 참견하는 경우가 많았다. 그래서 다른 나라 사람들이 우리나라 일에 참견하는 것을 허락하지 않겠다는 마음을 담아서 문을 세웠다.

■ 또 내가 사는 동네의 문화재에 대해 알아온 사람이 있나요? **TIP 2**

○ 문화재를 소중하게 여기는 방법에 대해 이야기를 나눈다.

■ 문화재는 왜 소중하고 중요한 것일까요?

• 옛날 조상들이 어떻게 살았는지를 알 수 있다.

• 우리 조상의 지혜와 슬기를 느끼고 배울 수 있다.

■ 문화재를 어떻게 다루어야 할까요?

• 문화재가 헐거나 없어지지 않도록 잘 지키고 보호해야 한다.

• 우리 후손들에게도 문화재를 전해 줄 수 있도록 잘 보존해야 한다.

○ 유아들이 조사해 온 자료를 동네별로 분류하여 벽면에 게시한다. **TIP 3**

관련활동

■ 이야기나누기 '우리 동네를 보여 주는 홈페이지' (24쪽 참고)

독립문에 대해 발표하기

TIP 2 활동을 실시하기 전, 각자 살고 있는 동네의 문화재를 조사해 오도록 한 후, 조사해 온 내용을 발표하고 교사가 보충 설명하는 형식으로 활동을 전개한다. 사전에 가정으로 통신문을 보내 부모님의 도움을 청한다.

TIP 3 유아들이 다양한 지역에 거주하는 경우에 서울시 지도 또는 자치구 관내 지도를 함께 게시하고 문화재가 있는 위치를 지도에 표시한다.

활동 6 우리 동네 안전 지킴이집

집단형태

대집단활동

활동유형

이야기나누기 · 사회

활동자료

아동 안전 지킴이집 로고 및 표지판과 표지판이 설치되어 있는 사진, 아동 안전 지킴이집 홈페이지(http://www.childsafetyhouse.go.kr)

아동 안전 지킴이집 로고
출처: http://www.childsaflyhouse.go.kr

아동 안전 지킴이집의 상호 및 위치
출처: http://www.childsafetyhouse.go.kr

활동목표

■ 아동 안전 지킴이집의 역할을 안다.

■ 동네 주변의 아동 안전 지킴이집 위치를 안다.

■ 위험한 상황에서 대처하는 방법을 안다.

활동방법

○ 유아들이 스크린(화면)을 바라보고 반원 대형으로 의자와 바닥에 나누어 앉는다.

○ 아동 안전 지킴이집의 의미에 대하여 이야기 나눈다.

■ (로고를 보여 주며) 이런 것을 본 적 있나요? 어디에서 보았나요?

■ 무엇이라고 적혀 있나요?

• 아동 안전 지킴이집

■ 아동 안전 지킴이집은 무엇일까요?

• 낯선 어른이 따라오거나 어떤 곳으로 같이 가자고 할 때, 무서운 동물이 따라올 때, 길을 잃었을 때 들어가서 도움을 청하는 곳이다.

■ 안전 지킴이집에 들어가면 어떻게 해야 할까요?

• 큰 소리로 도와달라고 말한다.

• 무슨 일이 있었는지 자세히 이야기한다.

• 부모님의 연락처를 알려서 부모님께 연락해 달라고 부탁 드린다.

○ 아동 안전 지킴이집이 어디에 있는지 알아본다.

■ (아동 안전 지킴이집 표지판을 보여 주며) 이런 표지판이 세워져 있는 곳이 '아동 안전 지킴이집' 이에요.

■ (표지판을 가게 앞에 세워 둔 사진을 보여 주며) 이렇게 가게 앞에 표지판을 세워둔 것을 본 적 있나요?

■ 동네마다 아동 안전 지킴이집이 여러 곳 있어요. '아동 안전 지킴이집' 홈페이지를 보면 우리 동네(유치원 동네)의 어느 곳에 아동 안전 지킴이집이 있는지 알 수 있어요.

■ (홈페이지를 보면서) 유치원 근처에 있는 아동 안전 지킴이집을 찾아볼까요?

• 유치원 근처에는 약국과 음식점

■ 어디에 있는지 우리가 직접 마당놀이 시간에 다녀오도록 해요.

○ 가정에서 부모님과 함께 집 근처의 아동 안전 지킴이집의 위치를 알아보기로 한다.

확장 활동

- 본 활동 후 유치원 근처에 있는 아동 안전 지킴이집으로 현장학습을 다녀옴으로써 유아들이 아동 안전 지킴이집의 위치를 확인하고 위험한 상황에 대처하는 방법을 익히도록 한다.
- 아동 안전 지킴이집 로고를 출력하여 유아들이 색칠해 보게 하거나 퍼즐로 제작하여 그림을 맞추는 활동을 해 봄으로써 로고의 형태를 익힐 수 있도록 한다.

관련활동

- 이야기나누기 '내가 사는 동네' (18쪽 참고)
- 이야기나누기 '유치원 동네' (56쪽 참고)

활동 7 동네 한 바퀴

집단형태
대집단활동

활동유형
율동

활동자료
입체자료 **T**IP , 낮은 책상,
녹음자료, 카세트 플레이어

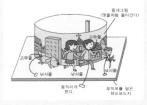

동네 한 바퀴 활동자료

활동목표

- 노래에 맞추어 규칙성 있는 동작을 표현한다.
- 친구들과 협력하는 태도를 기른다.

활동방법

| 노래 부르기 |

○ 노랫말과 관련된 유아의 경험을 함께 이야기 나눈다.

- 아침 일찍 일어나 동네의 길이나 공원을 걸어본 적이 있나요?
- 누구랑 같이 걸었나요? 기분이 어땠나요?

○ 이야기 형식으로 노랫말을 들려준다.

- 한 아이가 아침 일찍 일어났어요. 아이는 두 팔을 위로 뻗어 기지개를 폈어요. "아이, 잘 잤다." 아이는 집 밖으로 나가보았어요. 밖에는 시원한 아침 바람이 불고 있었어요. "와~상쾌하다!" 그런데 저쪽을 보니 친구들도 나와 아침 바람을 맞고 있었어요. 아이는 친구들에게 이렇게 소리쳤어요. "얘들아, 안녕? 우리 다 같이 동네 한 바퀴 돌자." 아이는 친구들과 함께 동네를 한 바퀴 걷기 시작했어요. 상쾌한 마음으로 동네를 걷다가 길 저편에서 활짝 핀 나팔꽃을 보았어요. "나팔꽃도 아침 일찍 피어났구나. 우리를 보고 인사를 하는 것 같아." 그리고 아이는 바둑이를 만났지요. "바둑아, 너도 같이 돌자." 아이는 친구들과 바둑이와 함께 동네 한 바퀴를 돌며 기분 좋은 하루를 맞이했답니다.

○ 입체자료를 이용하여 노래를 배운다.

- 이 이야기를 노래로 불러 볼게요. 이 노래의 제목은 '동네 한 바퀴' 예요.
- 다 함께 불러 봅시다.

| 율동하기 |

○ 율동 동작을 소개한다.

- '동네 한 바퀴' 노래에 맞추어서 율동을 할 거예요.
- 이 율동은 여러 명이 원 모양을 만들어 하는 율동이에요.

① 다 같이 돌자 동네 한 바퀴

- '다 같이 돌자 동네 한 바퀴' 부분에서는 서로 손을 잡고 왼쪽으로 걸어가요.
- 누가 나와서 선생님과 함께 손을 잡고 돌아볼까요?

② 아침 일찍 일어나 동네 한 바퀴

■ 방금 전 돌았던 방향과 다른 방향으로 돌아요.

③ 우리 보고 나팔꽃 인사합니다.

■ 우리가 나팔꽃이 되어 보는 거예요. 나팔꽃처럼 둥근 모양을 만들기 위해 팔을 위로 올리고 손을 맞잡아 보세요.

■ 그대로 허리를 숙여 인사하세요.

④ 우리도 인사하며

■ 서로 마주보고 인사하는 거예요.

■ 노래에 맞추어 옆 사람과 인사해 보세요.

⑤ 동네 한 바퀴

■ 각자 제자리에서 한 바퀴를 도세요.

⑥ 바둑이도 같이 돌자.

■ 제자리에 서서 무릎을 네 번 치세요.

⑦ 동네 한 바퀴

■ 각자 제자리에서 한 바퀴를 도세요.

○ 교사와 4~5명의 유아가 함께 율동하며 동작을 정확하게 보여 준다.

○ 반집단씩 나와 교사와 함께 율동을 한다. 율동하지 않는 유아들은 앉은 자리에서 노래를 부른다.

○ 율동 동작을 평가한다.

○ 전체 유아가 나와 율동을 한다.

동작

설명	동작
① **다 같이 돌자 동네 한 바퀴** 유아들이 손을 잡고 큰 원을 만든 후 시계 반대 방향으로 걸어가며 돈다.	
② **아침 일찍 일어나 동네 한 바퀴** ①과 반대방향으로 돈다.	

설명	동작
③ **우리 보고 나팔꽃 인사합니다** 두 팔을 둥글게 하면서 머리 위쪽으로 올린 후 인사한다.	
④ **우리도 인사하며** 옆에 있는 친구와 인사한다.	
⑤ **동네 한 바퀴** 각자 제자리에서 뛰면서 한 바퀴 돈다.	
⑥ **바둑이도 같이 돌자** 제자리에 서서 무릎을 네 번 친다.	
⑦ **동네 한 바퀴** 각자 제자리에서 뛰면서 한 바퀴 돈다.	

관련활동

■ 쌓기 놀이 영역 '우리 동네 만들기' (20쪽 참고)

악 보

동네 한 바퀴

프랑스민요
작사 윤석중

활동 8 ○○○의 집 찾기

집단형태

대집단활동

활동유형

수학

활동자료

자석판, 자석자료(도로, 여러 가지 기관, 모양이 서로 다른 집들 **TIP 1**)

TIP 1 지도의 구성을 다양하게 변화시킬 수 있도록 도로와 건물을 고정하지 않는다. 건물의 모양이나 색을 다르게 하여 구별을 용이하게 한다.

TIP 2 교사와 유아가 마주보고 있으므로 물건의 방향이 서로 반대로 보인다. 교사는 유아들의 관점에 맞추어 방향을 반대로 이야기한다.

TIP 3 교사는 위치관계를 나타내는 다양한 언어를 사용하여 건물의 위치를 설명한다. 단, 두 편이 차례를 돌아가며 문제를 맞히므로 위치를 나타내는 용어 사용을 동일하게 한다(예: 건물의 사이, 건물의 좌우, 건물의 앞뒤 등).

활동목표

■ 사물 간의 위치 관계를 안다.

■ 위치를 나타내는 말을 알고 사용한다.

활동방법

○ 자석판에 도로와 건물 4개를 붙이고 각 건물의 위치를 여러 가지 방법으로 설명한다.

■ (예: 유아들이 보았을 때 왼쪽부터 경찰서 – 빨간 세모 지붕집 – 빵가게 – 고동색 네모 지붕집을 차례로 붙여 놓고) 빵가게는 어느 건물들 사이에 있나요?

• 빨간색 세모 지붕집과 고동색 네모 지붕집 사이에 있다.

■ 왼손을 들어 보세요. 빵가게의 왼쪽에 있는 집은 어떤 집일까요?

• 빨간색 세모 지붕집이다. **TIP 2**

■ 그럼 빵가게의 오른쪽에 있는 건물은 무엇일까요?

• 갈색 네모 지붕집이다.

■ 빨간색 세모 지붕집은 어떤 건물들 사이에 있나요?

• 빵가게와 경찰서 사이에 있다.

■ 빨간색 세모 지붕집의 오른쪽에 있는 건물은 무엇인가요? 왼쪽에 있는 건물은 무엇인가요?

■ 선생님이 이야기하는 집을 찾아보세요. 철수의 집은 경찰서와 빵가게 사이에 있어요. 철수의 집은 무엇일까요?

■ 영희는 지금 빵가게의 오른쪽에 있는 건물에 있대요. 영희는 어떤 건물에 있을까요?

• 고동색 네모 지붕집에 있다.

○ 건물 알아맞히기 활동을 소개하고 자료를 준비한다.

■ (지도의 구성을 바꾸며) 철수가 다른 동네로 이사를 갔어요. 이 동네에는 누가 어디에 사는지 알아맞히는 게임을 할 거예요.

■ 선생님이 문제를 내면 양편에서 번갈아 맞히는 게임이에요.

■ 먼저 편을 정합시다.

○ 편을 나누어 교사가 건물의 위치를 말하면 각 편에서 알아맞힌다. **TIP 3**

■ ○○편부터 맞춰보세요. 철수의 집은 ○○건물과 △△ 건물 사이에 있어요. 철

수의 집은 어디일까요?

■ △△ 편이 맞힐 차례예요. 지윤이의 집은 ◇◇ 건물과 ●● 건물 사이에 있어요. 지윤이의 집은 어디일까요?

■ 정은이의 집은 ◇◇ 건물의 오른쪽에 있대요. 정은이의 집은 어디일까요?

■ 지욱이의 집은 ●● 건물 오른쪽에 있대요. 지욱이의 집은 어디일까요?  TIP 4

○ 한 편의 유아들이 건물의 위치를 설명하면 다른 편 유아들이 알아맞힌다.

■ 철수가 옆 동네에 놀러갔어요. 앞에 나와서 건물의 위치를 바꾸어 동네를 만들어 봅시다.

■ 이번에는 ○○○반 어린이들이 문제를 낼 거예요. 각 편에서 한 명씩 나와 문제를 설명하면 다른 편 어린이들은 손을 들고 맞혀보세요.

■ 먼저 ○○편에서 누가 문제를 내볼까요? TIP 5

■ ○○가 선생님과 함께 문제를 만드는 동안 잠시 기다려 주세요.

■ 두 편이 번갈아 가면서 차례로 문제를 내고 알아 맞혀 봅시다.

관련활동

■ 조형 영역 '내 동네 지도 만들기' (38쪽 참고)

■ 이야기나누기 '내가 사는 동네' (18쪽 참고)

■ 이야기나누기 '유치원 동네' (56쪽 참고)

■ 신체(게임) '지도 보고 물건 찾아오기' (40쪽 참고)

TIP 4 유아들이 전후좌우에 대한 개념이 명확해졌을 경우 수 개념을 포함시켜 건물의 위치를 설명하도록 난이도를 높일 수 있다(예: 철수의 집은 빵집 오른쪽 세 번째 집이에요).

TIP 5 유아가 앞에 나와서 문제를 설명하기 전 교사와 함께 어떤 건물을 어떻게 설명할지 상의한다. 문제 내는 유아는 앉아 있는 유아들의 관점에서 설명할 수 있도록 한다.

유아들이 편을 나누어 문제 알아맞히기

활동 9 옛날 사람들이 만든 지도

집단형태
대집단활동

활동유형
동화

활동자료
지도를 소개한 그림책 '세상을 담은 그림 지도'(김향금 지음. 최숙희 그림. 보림)를 동화자료로 제작한 것, 약도가 그려진 초대장 **T**IP

> **T**IP 약도가 그려진 초대장이나 팸플릿, 청첩장 등을 활용한다.

활동목표
- 지도의 용도를 안다.
- 지도의 제작 과정에 관심을 갖는다.

활동방법

○ 초대장에 나타난 약도를 살펴본다.
- (초대장을 보여 주며) 선생님이 ○○에 초대받아 찾아가려고 해요. ○○가 어디에 있는지 모르는데 위치를 알아보려면 어떻게 해야 할까요?
  - 초대장에 ○○의 위치를 작게 표시한 그림이 있다. 이 그림을 보고 찾아간다.
- (초대장을 열어 보며) 초대장을 펴 볼게요. ○○가 어디에 있는지 표시한 지도가 있군요. 이 지도를 보고 찾아가면 쉽게 찾아갈 수 있겠어요.
- 지도는 무엇이 어디에 있는지를 보여 주는 그림이에요.

○ 동화를 들려준다.
- 옛날 사람들이 지도를 만든 이야기가 담긴 동화를 들려줄게요.

○ 동화 내용에 대해 이야기 나눈다.
- 지도는 언제부터 사용했나요?
- 지도를 왜 만들었나요?
  - 빠르고 안전한 길을 찾아가기 위해 만들었다.
  - 물건을 사고파는 장을 열 때 사람들이 많이 모이는 곳을 알아내기 위해 만들었다.
  - 전쟁이 났을 때 적이 쳐들어오는 길을 알고 나라를 지키기 위해 만들었다.
- 옛날 사람들은 지도를 어떻게 만들었나요?
  - 높은 곳에 올라가서 내려다보이는 길을 그렸다.
  - 직접 걸어 다니면서 발걸음으로 거리를 잰 다음, 거리를 작게 줄여서 지도에 표시했다.
- 사진기가 발명된 이후에는 지도를 만들 때 사진을 찍어서 사용하기도 하고, 정확한 거리를 잴 수 있는 기계를 발명하기도 해서 실제 모습과 좀 더 비슷한 지도를 만들기 위해 꾸준히 노력해 왔어요.

○ 내가 사는 동네 지도를 만들어 본다.

■ 우리도 지도를 만들어 봅시다.
■ 나의 집은 무슨 동네에 있는지, 집 근처에는 어떤 기관이 있는지 생각하고 그림을 그려 보세요.

관련활동

■ 조형 영역 '내 동네 지도 만들기' (38쪽 참고)
■ 신체(게임) '지도 보고 물건 찾아오기' (40쪽 참고)
■ 사회 '이화여자대학교 지도 보고 야외학습 다녀오기' (60쪽 참고)

내 동네

활동 10 내 동네 지도 만들기

집단형태
자유선택활동

활동유형
조형 영역

활동자료
지도, 종이, 유아사진, 필기도구

활동목표

- 지도의 용도를 안다.
- 유아가 사는 동네에 관심을 가진다.
- 내 동네 지도를 만들어 본다.

활동방법

○ 지도의 용도에 대하여 이야기 나눈다.
- 그동안 유치원이 있는 동네에 어떤 곳들이 있는지 알아보기 위해 견학을 다녀 왔어요.
- 동네에 어떤 곳들이 있는지 알기 위해 직접 동네를 돌아보는 방법이 있어요. 또 어떤 방법이 있을까요?
  - 유치원이 표시된 지도를 살펴보면 된다.
- 지도란 무엇일까요?
  - 너무 멀리 있거나 너무 넓어서 한눈에 어디에 무엇이 있는지 알기 어려운 곳을 작게 줄여서 그림으로 표시한 것
- 우리 집을 잘 모르는 친구나 손님을 집에 초대하려고 할 때 어떻게 하면 손님이 잘 찾아오도록 도와줄 수 있을까요?
  - 직접 설명을 한다.
  - 지도를 보여 준다.

○ 각자 자신이 살고 있는 동네의 지도를 만들 것임을 소개하고, 지도를 만들기 위해 준비할 사항에 대하여 이야기를 나눈다.
- 내가 살고 있는 동네의 지도를 만들 거예요. 지도에 어떤 것들을 그려야 할까요?
  - 집을 그린다.
  - 집 주변의 건물들과 도로들을 그린다.
- 집 주변에 어떤 것들이 있는지 알아 오세요. 내일부터 조형 영역에서 내가 살고 있는 동네의 지도를 만들어 볼 거예요.

○ 조사한 내용을 바탕으로 자신이 살고 있는 동네의 지도를 만든다.
- 내가 살고 있는 집을 지도의 한 가운데에 그려 보세요.
- 집과 가장 가까운 곳에 있는 건물은 무엇인가요? 우리 집에서 나오면 어느 편에

유아들이 그린 내 동네 지도

그 건물이 있나요? 집에서부터 그 건물로 가는 길을 그리고 건물을 그리세요.

○ 완성된 개별 유아들의 동네 지도를 묶어 책으로 엮어 준다. 지도책을 수학·조작 영역에 두고 유아들이 살펴볼 수 있도록 한다.

- 우리 반 어린이들이 각자 자신이 살고 있는 동네의 지도를 완성하였어요. 선생님이 모든 어린이들의 동네 지도를 책으로 묶어 왔어요. 이 지도책은 수학·조작 영역에 둘 테니 살펴보면서 친구들의 동네에는 어떤 건물들이 있는지 보도록 하세요.

확장활동

- 유치원 동네 현장학습을 다녀온 후 유치원을 중심으로 동네 지도를 그려 본다. 완성된 지도는 벽면에 게시하거나 출석 표시판으로 활용할 수 있다.

관련활동

- 사회 '이화여자대학교 지도 보고 야외학습 다녀오기' (60쪽 참고)
- 조형 영역 '유치원 동네 꾸미기' (62쪽 참고)
- 수학 '○○○의 집 찾기' (34쪽 참고)

지도 보고 물건 찾아오기

집단형태

대집단활동

활동유형

신체(게임)

활동자료

역할 놀이 소품, 지도로 활용할 교실 환경 배치도 **T**IP 1

교실 환경 배치도

TIP 1 　교실 환경 배치도를 확대·수정하여 지도로 활용한다. 물건이 숨겨진 곳에 표시를 하여 유아들이 지도를 보고 실제 장소로 찾아갈 수 있도록 한다. 지도의 크기는 A3 정도가 적당하며 모둠 수만큼 준비한다.

TIP 2 　표시된 곳을 찾기 어려워할 경우, 유아들이 쉽게 인지할 수 있는 출입문이나 창문 등으로부터 그 지점의 상대적 위치를 확인하게 한다.

활동목표

- 지도의 용도를 안다.
- 사물 간의 위치 관계를 안다.
- 게임 방법을 알고 규칙을 지키며 게임을 한다.

활동방법

○ 유아들과 함께 교실 환경 배치도를 살펴본다.

- 이 지도는 어느 곳을 나타낸 지도일까요?
- ○○○반을 그린 지도예요.
- ○○○반의 출입문은 어디 있나요?
- 출입문 옆에 있는 곳은 어디일까요?
- 언어영역의 왼쪽에 있는 곳은 어디일까요?
- 지도에 있는 그림을 잘 살펴보세요. 네모와 동그라미는 각각 어떤 것을 나타내는 것일까요?
  - 장, 책상
- 지금 우리가 앉아 있는 곳을 지도에서 찾아보세요. 앞에 나와서 지도에 표시해 줄 수 있는 사람은 손을 드세요.
- 이번에는 지도에 표시된 곳을 교실에서 찾아봅시다. 지도에 빨간색 별 표시가 있는 곳은 어느 영역인가요?
- 빨간색 별 표시가 된 곳으로 찾아갈 수 있는 사람은 손을 들어봅시다. **T**IP 2

○ 게임방법과 내용을 설명한다.

- 지도를 보고 교실에 숨겨진 물건을 찾아오는 게임을 할 거예요.
- 선생님이 ○○○반 교실 곳곳에 역할 놀이 영역에서 사용하는 물건들을 숨겨 놓고, 숨긴 장소를 지도에 표시해 두었어요. 모둠원들이 함께 지도를 보고 그 자리를 찾아가서 물건을 찾아오는 거예요.

○ 반집단 유아들이 게임을 한다.

- ○○모둠, △△모둠은 앞에 나와서 지도를 고르세요.
- 지금부터 5분 동안(큰 바늘이 한 칸 지나는 동안) 지도를 보고 모둠원들과 의논해서 물건을 찾아오는 거예요.

- 물건을 찾은 모둠은 자기 자리에 앉아서 기다리세요.

- 아직 게임하지 않은 ◇◇ 모둠, ☆☆ 모둠은 친구들이 게임하는 모습을 잘 지켜 보세요.

○ 평가를 한다.

- (물건을 찾아온 후) ○○ 모둠은 어떤 지도를 보고 물건을 찾아왔나요?

- 지도에 어떤 표시가 있었나요?

- 그곳은 교실의 어디인가요?

- 그곳에서 무엇을 찾았나요?

○ 다른 반집단이 나와서 같은 방법으로 게임을 한다.

○ 2차 게임을 한다.

- 지금까지는 선생님이 물건을 숨기고 지도에 표시한 후 ○○○ 반 어린이들이 물건을 찾았어요.

- 이번에는 ○○○반 어린이들이 물건을 숨기고 지도에 표시할 거예요.

- 두 모둠끼리 짝을 지어 보세요. ○○ 모둠, △△ 모둠이 마당놀이를 하는 동안 ◇◇ 모둠, ☆☆ 모둠은 물건을 숨기고 표시하세요.

- 마당놀이가 끝나고 ○○ 모둠, △△ 모둠이 물건을 찾을 거예요.

- 내일은 서로 역할을 바꾸어 게임할 거예요.

지도 보고 물건 찾기

관련활동

- 조형 영역 '내 동네 지도 만들기' (38쪽 참고)

- 이야기나누기 '유치원 동네' (56쪽 참고)

- 수학 '○○○의 집 찾기' (34쪽 참고)

활동 12 옛날 사람들이 살았던 동네

집단형태
대집단활동

활동유형
이야기나누기

활동자료
옛날 사람들의 생활 모습이 담긴 풍속화(예: 김홍도 '장터길', '주막', '서당', '논갈이', '벼타작' 등) **T**IP

TIP 1 유아들이 특별히 관심을 갖는 지역사회의 모습이나 지역사회기관이 있는 경우(예: 시장 → '장터길', 학교 → '서당' 등), 이에 대한 옛날 모습을 파악할 수 있는 민화, 풍속화를 준비하여 이야기 나눈다.

논갈이 　　　 주막

출처: 국립중앙박물관 소장유물 허가번호
[중박 201105-295]

활동목표
- 옛날 사람들이 생활하던 모습에 관심을 갖는다.
- 우리나라의 풍속화를 감상하며 심미감을 기른다.

활동방법

○ 여러 가지 풍속화를 보며 옛날 사람들의 생활 모습에 대해 이야기한다. **T**IP 1
- 옛날 사람들이 살았던 동네에는 무엇이 있었을까요?
- 그림을 보면서 옛날 사람들이 어떻게 살았는지 이야기해 봅시다.

① 장터(김홍도 '장터길')
- 그림 속의 사람들은 무엇을 하고 있나요?
  - 말을 타고 길을 가고 있다.
- 어디를 가는 것일까요?
  - 여행을 간다. 친척집에 간다.
- 옛날 사람들은 필요한 물건을 어디에서 샀을까요?
  - 물건을 모아 놓고 파는 곳을 '장터'라고 한다.
  - 옛날에는 물건을 파는 사람들이 이 마을, 저 마을로 옮겨 다니면서 장터를 만들고 마을 사람들에게 물건을 팔았다.
  - 장터는 3일 또는 5일마다 만들어졌다. 이것을 '장이 열린다.'라고 말한다.
- 요즘에는 물건을 사려면 어디로 가나요?
  - 가게, 시장, 백화점으로 간다.

② 주막(김홍도 '주막')
- 이곳은 어디일까요? 무엇을 하는 곳일까요?
  - 주막
  - 밥이나 술을 파는 곳이다. 장터를 열러 가는 사람들처럼 먼 길을 가는 사람이 돈을 내고 잠을 자거나 쉬어 가기도 했다.
- 지금의 어떤 곳과 비슷한가요?
  - 식당, 여관, 호텔 등

③ 서당(김홍도 '서당') **T**IP 2
- 이곳은 어디일까요? 사람들이 무엇을 하고 있나요?

- 서당

- 공부를 하고 있다.

- 옛날에는 유치원이나 학교 대신 '서당'에서 공부를 했다.

■ 서당에서 누가 공부를 가르쳐 주었을까요?

- 유치원이나 학교에서 공부를 가르쳐 주시는 선생님을 옛날 서당에서는 '훈장님'이라고 불렀다.

■ 서당에 있는 학생들이 어떤 모습으로 공부하고 있나요?

- 바닥에 앉아서 공부한다.

- 두 줄로 마주보고 앉아서 공부한다.

■ 무엇을 보고 공부하고 있나요?

- 한자가 적힌 책을 보고 공부한다.

④ 벼농사(김홍도 '논갈이', '벼타작')

■ 옛날 사람들은 무슨 일을 하면서 살았을까요?

- 대부분 직접 열매의 씨앗을 심어서 키운 후에 거두어 먹었다. 특히 벼를 심어서 키우는 사람이 많았다.

- 이렇게 씨를 뿌려 잘 키우고 거두는 일을 '농사'라고 말한다.

■ ('논갈이' 그림을 보며) 무엇을 하는 것일까요?

- 땅을 갈아엎고 있다.

- 농사를 시작하기 전에 겨울 내내 얼어 있던 땅을 갈아엎으면 영양분이 많은 땅이 된다. 땅을 소독하는 효과도 얻을 수 있다.

■ ('벼타작' 그림을 보며) 무엇을 하는 것일까요?

- 가을이 되어 벼를 거둔 다음 벼에서 알곡(쌀)을 골라내는 것을 '벼타작'이라고 말한다.

- 벼를 베어낸 것을 지게에 지고 나르기, 알곡 털어내기, 털어낸 알곡을 쓸어모으기 등 여러 가지 일을 해야 한다.

■ 농사를 지으려면 많은 일을 해야 하므로 동네 사람들이 서로 역할을 맡아서 도와가며 일을 했어요.

○ 옛날 사람들이 살았던 동네와 우리가 살고 있는 동네의 비슷한 점과 다른 점에 대해 이야기한다.

■ 옛날 사람들이 살았던 동네와 우리가 살고 있는 동네의 모습이 서로 어떠한가요?

- 같은 점도 있고, 다른 점도 있다.

■ 어떤 점이 같은가요?

- 동네에는 여러 사람들이 함께 모여 살고 있다.

- 공부를 가르쳐 주는 곳이 있다.

- 물건을 살 수 있는 특별한 곳(예: 장터, 시장, 마트 등)이 있다.

TIP 2 유아들이 작품을 감상하는 시간을 충분히 갖고 그림에 대한 다양한 느낌을 서로 나누도록 한다. 교사가 그림 감상을 돕는 질문(예: 아이의 얼굴 표정이 어떤가요? 왜 이런 표정을 하고 있을까요? 등)을 함으로써 유아들이 다양한 측면에서 그림을 감상할 수 있도록 한다.

■ 다른 점은 무엇인가요?

• 대부분 농사를 짓고 살았다.

• 다른 집의 일이라도 서로 도와가면서 했다.

관련활동

■ 이야기나누기 '내가 사는 동네' (18쪽 참고)

■ 수학 · 조작 영역 '옛날 사람들이 살던 모습 그림 맞추기' (45쪽 참고)

활동 13
옛날 사람들이 살던 모습 그림 맞추기

활동목표

■ 옛날 사람들이 생활하던 모습에 관심을 갖는다.

■ 우리나라의 풍속화를 감상하며 심미감을 기른다.

활동방법

○ 교구를 살펴보며 활동 방법에 대해 알아본다.

■ 책의 제목을 읽어 보세요. 무엇이라고 쓰였나요?

• 옛날 사람들이 살던 모습

■ 책을 열면 옛날 사람들이 살던 모습을 그린 그림들이 있어요. 책을 열어 봅시다.

■ 어떤 그림이 있나요?

• 어린이들이 모여서 책을 읽고 있는 그림이다.

■ 그런데 그림의 두 부분이 비어 있어요. 빈 부분에는 어떤 그림이 있어야 할까요? 빈 칸에는 필요한 그림에 대한 설명이 적혀 있어요. 설명을 읽어 보고 왼쪽의 그림 조각들 중에서 알맞은 그림을 찾아보세요.

■ 어떤 그림 조각을 찾았나요?

• 책을 읽는 어린이 한 명이 그려진 그림

• 어린이를 가르치는 선생님(훈장님)이 그려진 그림

■ 조각을 그림판의 빈 부분에 붙여 보세요.

○ 교구의 여러 가지 그림판에 그림 조각을 붙여 완성한다.

■ 다른 그림도 완성해 봅시다. 이 그림은 어떤 모습을 그린 그림일까요?

• 사람들이 기와를 지붕에 얹어 집을 만들고 있다.

■ 빈 부분에는 어떤 그림 조각이 들어가야 할까요?

• 기와를 줄에 묶어 지붕 위에 있는 사람에게 올려 주는 사람의 그림

■ 그림 조각들 중에서 알맞은 그림을 찾아 붙여 보세요. 그림이 잘 맞춰졌나요?

■ 다른 그림들도 완성해 봅시다.

관련활동

■ 이야기나누기 '옛날 사람들이 살았던 동네' (42쪽 참고)

집단형태

자유선택활동

활동유형

수학 · 조작 영역

활동자료

'옛날 사람들이 살던 모습' 그림 맞추기 수학 · 조작 교구

책 표지

책을 펼친 모습

배경 그림판과 그림 조각

활동
14 풍물놀이

집단형태
대집단활동

활동유형
음악감상

활동자료
풍물놀이하는 모습이 담긴 동영상(혹은 사진), 연주에 사용되는 악기 실물이나 사진, 컴퓨터, 스피커, 스크린, 빔프로젝터

활동목표
- 풍물놀이의 유래에 대해 안다.
- 국악의 흥겨움을 느낀다.

활동방법
○ 사물악기를 소개한다.
  - 이 악기의 이름은 무엇일까요?
    • 징, 꽹과리, 장구, 북
  - 어떤 소리가 나나요?
  - 이 악기를 모두 함께 부르는 말이 있어요. 무엇일까요?
    • 사물악기
  - 사물악기를 연주해 보거나 연주를 들어본 적이 있나요? 느낌이 어땠나요?
○ 풍물놀이 동영상을 보며 풍물놀이를 할 때 사람들의 모습을 알아본다.
  - 사물악기를 연주하는 모습을 봅시다. 어떤 느낌이 드나요?
    • 흥겹고 어깨가 들썩거려진다.
    • 모자를 쓰고 고개를 돌려가며 모자에 달린 끈을 움직이게 하는 것이 신기하다.
  - 사람들이 어떤 자세로 악기를 연주하고 있나요?
    • 악기에 끈을 달아 둘러매거나 손에 들고 서서 악기를 연주한다.
    • 걷거나 뛰거나 춤을 추면서 악기를 연주한다.
  - 사람들이 어떤 옷을 입고 있나요?
    • 흰색의 민옷을 입고 그 위에 빨강색이나 검정색 조끼 같은 옷을 입었다.
    • 허리에는 빨강, 노랑, 파랑 혹은 빨강, 노랑, 녹색 등 세 가지 색의 띠를 감고 있다.
    • 머리에 끈이 달린 모자(상모)를 쓰고 머리를 돌려 끈이 움직이게 한다. 상모를 돌리면서 연주하는 것을 '상모 돌리기'라고 한다.
  - 어떤 악기들을 연주하나요?
    • 징, 장구, 북, 꽹과리, 소고, 태평소, 나발 등
○ 풍물놀이의 뜻과 유래에 대해 이야기한다.
  - 우리나라 전통악기를 사용하여 이렇게 연주하는 것을 '풍물놀이' 또는 '농악'

이라고 해요.

■ 풍물놀이는 왜 생겨났을까요?

- 오래 전 농촌에서는 농사를 같이 짓고 기쁠 때 함께 즐거워하고, 어려울 때 서로 도와주는 모임(예: 계, 두레 등)이 있었다. 농사를 할 때 이 모임에서 농사의 시작을 알리거나, 피로를 풀거나, 추수를 즐기기 위해 악기를 연주하고 춤을 추었다.
- 마을마다 풍물놀이 음악이나 옷 모양, 방법 등이 조금씩 다르다.

○ 풍물놀이 동영상을 다시 감상해 본다.

■ 풍물놀이하는 모습을 다시 볼 거예요. 감상하면서 연주하는 사람들의 옷차림이나 모습, 움직임을 잘 살펴보세요.

■ 무릎과 손뼉을 치거나 앉은 자리에서 흥겹게 어깨를 들썩이며 보아도 좋아요.

■ 풍물놀이를 하는 사람이 되었다고 생각하고 몸을 움직여도 좋아요.

관련활동

■ 음률 영역 '국악 감상하고 이야기 만들기' (48쪽 참고)

확장활동

■ 국립중앙박물관의 어린이박물관 현장학습을 통해 청동기, 삼국시대 등 한국 고대의 다양한 악기를 체험해 볼 수 있다.

활동 15 국악 감상하고 이야기 만들기

집단형태
자유선택활동 · 대집단활동

활동유형
음률 영역

활동자료
• 국악기 탐색하기: 풍물놀이 사진, 국악기(예: 징, 장구, 북, 꽹과리, 소고, 태평소 등) 소리 및 악기 연주 동영상 자료 **TIP 1**
• 악기 소리 이야기책 · 녹음 자료 만들기: 악기, 도화지, 필기구(예: 크레파스, 색연필, 사인펜, 연필 등)
• 악기 소리 이야기 듣기: 카세트 플레이어, 녹음자료, 유아들이 만든 악기 소리 이야기책, 낮은 책상

TIP 1 여러 악기를 함께 연주하는 것보다는 해당 악기만 연주하는 자료를 준비하여 유아들이 악기 소리를 정확히 듣고 탐색할 수 있도록 한다.

TIP 2 올바른 연주법으로 기본 연주를 들려준 후, 빠르기와 세기의 변화를 주어 연주한다. 유아들이 악기 소리의 느낌을 이야기 나누도록 하여, 이후 각자 악기 소리 이야기책을 만들 때 도움이 되도록 한다.

활동목표
■ 풍물놀이의 흥겨움을 느낀다.
■ 악기 소리를 듣고 어울리는 장면을 상상한다.

활동방법

| 국악기 탐색하기 |

○ 풍물놀이 사진을 보며 국악기의 종류를 소개한다.
■ 우리나라 전통악기들로 '풍물놀이'를 하는 모습이에요.
■ 풍물놀이는 옛날부터 농촌에서 농사를 지을 때 힘든 일, 즐거운 일을 함께 나누며 전통악기들로 신나게 음악을 연주하고 춤을 추는 것을 말해요.
■ 어떤 악기들이 연주되었는지 살펴봅시다.
• 징, 장구, 북, 꽹과리, 소고, 태평소, 나발 등

○ 악기소리를 듣고 떠오르는 생각이나 장면에 대해 이야기를 나눈다.
■ (실물 또는 사진을 보며) 풍물놀이에 사용되는 악기들이에요.
■ 이 악기의 이름은 무엇일까요?
■ 악기 소리를 듣고 어떤 느낌이 드는지, 어떤 생각이 떠오르는지 이야기해 보세요.
■ 이 악기의 이름은 징이에요. 징은 어떤 모양으로 생겼나요? 어떤 소리가 나나요?
■ 다른 악기의 소리도 들어보자. **TIP 2**
• 꽹과리: 징과 비슷하게 생겼지만 크기가 작다. 징보다 높은 소리가 난다.
• 장구: 두 개의 통이 이어진 모양이다. 양쪽에 댄 가죽을 두드려 소리를 낸다. 궁채로 치는 북편은 두꺼운 가죽을 써서 소리가 무겁고, 열채로 치는 채편은 얇은 가죽을 써서 맑고 높은 소리가 난다.
• 소고: 손잡이가 달린 작은 북이다. 나무채로 양쪽의 북을 두드리며 연주한다.
• 태평소: 불어서 소리 내는 악기이다. 나무로 만든 관에 구멍을 뚫고 나팔 모양의 놋쇠를 단다.

| 악기 소리 이야기책 · 녹음자료 만들기 |

○ 악기 소리를 듣고 떠오르는 생각을 그림으로 그릴 것임을 이야기한다.
■ 소개했던 악기 중 한 가지를 정해서 떠오르는 장면과 생각을 그림으로 그리고 이야기를 적을 거예요.

- 어떤 악기로 이야기를 만들고 싶은지 정하세요.
  - 예) 장구 소리로 이야기를 만들고 싶다.
- 이야기를 만들어 보세요.
  - 예) 문에서 나오다 문 앞에 있는 공을 밟아서 공이 데굴데굴 내려오고 있어요.
- 악기 소리가 어떤 장면에서 들리는 것이 어울릴까요?
  - 예) 공이 데굴데굴 굴러가는 장면에서 장구 소리가 들리면 좋겠다.

○ 방안놀이 시간에 그림을 그리고 이야기를 적는다.
○ 방안놀이 시간에 개별적으로 그림의 이야기와 악기 소리를 녹음한다.

- ○○○반 어린이들이 만든 이야기를 테이프에 녹음해 보자.
- 녹음자료의 예: '○○○반 어린이들의 악기 소리 이야기입니다. 이야기 중간에 나오는 악기 소리를 듣고 맞는 악기 카드를 찾아 물음표 위에 올려 놓으세요. 물음표 옆에 있는 파란색 네모를 열면 어떤 악기의 이야기였는지 알 수 있습니다. ♪(트라이앵글) 소리가 나면 뒷장으로 넘겨 다음 이야기를 들어 보세요. ○○○의 이야기예요. – 해당 유아의 이야기 및 악기 소리 녹음'
- 우리가 만든 책과 녹음한 테이프는 음률 영역에 놓고 들어 볼 수 있어요.

| 음률 영역에서 악기 소리 이야기 듣기 |

○ 음률 영역에서 악기 소리와 유아들이 만든 이야기를 감상한다.

- ○○○반 어린이들이 전통악기 소리를 듣고 떠오른 생각을 그린 것을 모아서 책으로 만들었어요.
- 그림을 살펴보자. 무엇을 하고 있는 그림인가요? 어떤 악기 소리를 듣고 떠오른 이야기인 것 같나요? 생각하는 악기 그림을 물음표에 올려 놓으세요.
- 카세트 플레이어의 재생 단추를 눌러서 친구가 녹음한 이야기를 들어 보자.
- 어떤 이야기가 가장 재미있었나요? 악기 소리와 가장 잘 어울렸던 이야기와 그림은 어떤 것인가요?

관련활동

- 음악감상 '풍물놀이' (46쪽 참고)

유아들이 만든 국악기 소리 이야기책 –
'○○○반 어린이들의 악기 소리 이야기'

활동 16 짝과 함께 공 옮기기

집단형태
대집단활동

활동유형
신체(게임)

활동자료
공 2개, 반환점 2개

활동대형

활동목표

- 균형감각을 기른다.
- 게임 방법을 알고 규칙을 지키며 게임한다.
- 친구와 협력하는 태도를 기른다.

활동방법

○ 유아들이 양편으로 나누어 마주보고 앉는다.

○ 양편의 수가 같은지 알아보고, 양편의 수가 다를 때는 유아들과 의논하여 수를 같게 한다.

○ 유아들에게 게임자료(공)를 소개하며 게임의 내용과 방법에 대하여 이야기 나눈다.
  - 두 사람이 짝이 되어 게임을 할 거예요.
  - 출발선에서 짝끼리 마주보고 서세요. 그리고 두 사람의 가슴에 공을 끼우고 출발 준비를 해요.
  - 출발 신호가 울리면 공이 떨어지지 않게 서로 조심하면서 반환점까지 걸어가요.
  - 돌아올 때는 공을 팔에 끼고 두 사람이 손을 잡고 달려와 다음 차례의 사람에게 공을 전해 주세요. 공을 전해 받은 사람들은 두 사람의 가슴에 공을 끼우고 출발하는 릴레이게임이에요.
  - 규칙을 잘 지키고 빨리 들어온 편이 이기는 거예요.

○ 유아 2명이 시범을 보인다.
  - 누가 나와서 서로의 가슴 사이에 공을 끼우는 모습을 보여 줄까요?
  - 어떻게 해야 손을 쓰지 않고 공을 잘 운반할 수 있을까요?
  - 공이 떨어지지 않도록 공과 몸을 잘 붙여야 해요.
  - ○○, △△가 잘 보여 주었어요. 자리로 가서 앉으세요.

○ 유아들과 게임에 필요한 규칙을 이야기한다.
  - 게임을 공평하게 하려면 어떤 규칙이 필요할까요?
    • 공을 떨어뜨리면 다시 끼운 후에 떨어뜨린 자리에서 출발한다.

○ 게임을 하고 평가한다.
  - 어느 편이 먼저 들어왔나요?
    • △△ 편이 먼저 들어왔다.

TIP 유아들이 처음 게임할 경우 가슴 사이에 공을 끼운 채 서로의 허리를 잡도록 한다. 게임에 익숙해진 후 손을 뒷짐지게 하여 게임의 난이도를 높인다.

짝과 함께 공 옮기기

- 이번 게임은 △△ 편이 이겼어요. 1 : 0이 되었습니다.

○ 2차 게임을 하고 평가한다.

○ 응원 태도를 평가한다.

- △△ 편과 ☆☆편 모두 바른 태도로 응원을 잘 하였나요?

- △△ 편과 ☆☆편 모두에게 응원 점수를 줄게요. 즐겁게 게임을 잘 했다고 서로에게 박수쳐 주세요.

활동 17 머핀 만들기

집단형태

소집단활동(약 10명)

활동유형

과학

활동자료

- 재료(6명 기준): 밀가루(박력분) 200g, 계란 2개, 설탕50g, 베이킹파우더1ts, 바닐라 에센스1/2ts, 버터 150g **TIP 1**
- 기구 : 계량컵, 계량스푼, 거품기, 머핀 틀, 작은 국자, 오븐
- 기타 : 요리순서도, 요리복, 요리보

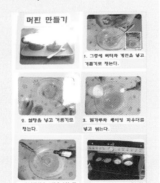

요리 순서도

머핀 만들기		
재료	**얼마나 넣을까요?**	
버터	🥄	1
계란	🥚🥚	2
설탕	🥄	1
밀가루	🥄	1
베이킹 파우더	—	1
바닐라향		

재료 측정표

활동목표

- 여러 가지 재료의 색깔과 생김새를 탐색한다.
- 음식 조리용 도구와 기계의 사용법을 알고 활용한다.
- 가열에 따른 재료의 변화를 관찰한다.

활동방법

○ 유아들은 등원하자마자 요리를 하고 싶은 순서를 표시한다.

| 계획하기 |

○ 계획하기 시간에 머핀을 만들 것임을 이야기하고, 요리에 필요한 재료를 알아본다.

- 오늘은 간식으로 머핀을 만들어서 먹을 거예요. 머핀을 먹어본 적이 있나요? 머핀은 어떻게 생겼나요? 맛이 어땠나요?
  - 컵처럼 생겼다.
  - 머핀 안에 건포도, 호두, 아몬드 등이 들어 있다.
  - 고소하고 달콤하다.
- 머핀을 만드는 데 어떤 재료들이 필요할까요? 여기 머핀을 만들 때 필요한 재료가 적혀 있어요.
- 버터는 계량컵으로 한 컵이 필요해요. 계란은 몇 개가 필요한가요?
  - 2개
- 설탕과 밀가루도 각각 계량컵으로 한 컵이 필요해요. 베이킹파우더는 계량스푼으로 한 스푼이 들어가요.

| 요리 - 머핀 만들기 |

○ 요리 준비를 한 후 한 모둠씩 순서대로 머핀을 만든다.

① 버터를 거품기로 저어서 크림상태로 만든다.

- (버터를 보여 주며) 이것은 무엇일까요?
  - 버터
- 색깔이 어떤가요?
- 냄새를 맡아보자. 어떤 냄새와 비슷한가요?
  - 고소하다.
  - 우유, 치즈와 비슷하다.

- 버터가 다른 재료들과 잘 섞이도록 거품기로 저을 거예요. 거품기로 저으면서 버터가 어떻게 변하는지 살펴보세요.
- 버터가 어떻게 변하고 있나요?
  - 덩어리가 점점 사라지고 크림처럼 변한다.
② 계란의 노른자와 흰자를 거품기로 젓는다.
- (계란 두 개를 깨뜨려 넣으며) 계란을 깨뜨리면 어떻게 될까요?
  - 노른자와 투명한 흰자가 생긴다.
- 계란의 노른자와 흰자가 잘 섞이도록 거품기로 저을 거예요. 노른자와 흰자가 섞이면 어떻게 될까요?
- 이제 크림상태가 된 버터에 계란을 넣어서 다시 잘 섞어 보자. 색이 어떻게 변했나요? 냄새는 어떤가요?
③ 계란과 버터를 거품기로 섞는다.
④ ③에 밀가루와 베이킹파우더를 넣는다.
- (밀가루를 보여 주며) 이것은 무엇일까요?
  - 밀가루
- 밀가루도 계량컵으로 한 컵 넣을 거예요.
- (베이킹파우더를 보여 주며) 이것은 무슨 가루일까요?
  - 베이킹파우더
- 베이킹파우더는 빵이나 과자를 만들 때 반죽이 부풀어 오르게 해 주는 가루예요. 베이킹파우더도 계량컵으로 한 컵 넣을 거예요.
- 반죽에 넣은 가루가 보이지 않도록 골고루 섞어 주세요.
- 반죽이 전보다 어떻게 되었나요?
  - 색깔이 연해졌다.
  - 반죽이 더 걸쭉해졌다.
⑤ 바닐라 향 1ts을 넣는다. **T**IP 2
- 바닐라 향을 조금 넣으면, 바닐라 향이 나는 머핀을 맛볼 수 있어요.
⑥ 머핀 틀에 반죽을 붓는다. **T**IP 3
- 이제 반죽을 빵 모양으로 만들 거예요. 어떻게 만들 수 있을까요?
  - 반죽을 머핀 틀에 넣는다.
- 완성된 반죽을 머핀 틀에 담으세요.
⑦ 190도로 예열해 놓은 오븐에서 15분간 굽는다.
- 이제 머핀 틀을 오븐에 넣고 구울 거예요.
  - 유아들과 함께 오븐의 온도와 굽는 시간을 확인한다.
- 시간이 다 되면 오븐에서 소리가 날 거예요. 머핀 반죽이 부풀어 오르는 모습을 관찰해 보세요.

TIP 1 요리를 시작하기 전 버터를 예열된 오븐 안에 미리 넣어 놓으면 적당히 녹아서 쉽게 저을 수 있다.

TIP 2 반죽에 초코칩, 건포도, 녹차가루, 레몬 제스트 등을 넣어서 여러 가지 머핀을 만들어 볼 수 있다.

TIP 3 오븐에 구우면 반죽이 부풀어 오르므로 머핀 틀의 3/4 정도만 채운다.

○ 요리복을 정리한 후 실내자유선택활동을 한다.
○ 완성된 머핀을 간식으로 먹는다.

유의점

■ 예열된 오븐은 뜨겁고 열기가 있으므로 교사가 머핀 틀을 오븐에 넣도록 하고, 유아들은 약 50㎝ 이상 떨어진 곳에서 반죽이 부풀어 오르는 모습을 관찰하도록 한다.

확장활동

■ 유아들이 여러 종류의 빵이나 빵을 만드는 방법에 큰 관심을 보일 경우, 유치원 주변의 빵가게로 현장학습을 다녀온다.

2. 유치원 동네

집단형태

대집단활동

활동유형

이야기나누기

활동자료

유치원 동네 지역사회 기관이 나타난 지도 **T**IP, 빔프로젝터, 스크린, 컴퓨터, 레이저포인터

TIP 인터넷 포털 사이트 지리정보 서비스인 전자 지도를 이용하면 원하는 곳을 확대하거나 축소하여 볼 수 있어 편리하다. 또한 일반 지도보다 보기 쉽고 실감나게 표기되어 유아들이 지도를 이해하는 데에 효과적이다.

활동목표

- 유치원이 있는 동네의 이름을 안다.
- 유치원 동네에 여러 가지 지역사회 기관이 있음을 안다.
- 지도에 대해 관심을 갖는다.

활동방법

○ 유치원이 있는 동네의 이름과 동네에 있는 지역사회 기관에 대해 이야기를 나눈다.
- 우리 유치원이 있는 동네의 이름은 무엇일까요?
  - 대현동
- 대현동에는 유치원 이외에 또 어떤 것들이 있을까요? 유치원에 오다가 어떤 것을 보았나요?
  - 은행, 병원, 약국, 아이스크림 가게, 제과점, 우체국 등

○ 유치원 동네 지도를 소개하고 유치원을 중심으로 한 여러 건물을 지도에서 찾아본다.
- (지도를 보여 주며) 이것은 무엇일까요?
  - 유치원 주변의 건물과 길이 표시된 지도이다.
- 유치원이 어디에 있나요?
- 유치원 주변이 표시된 지도에서 보았거나 가본 적이 있는 건물들을 찾아볼 거예요.
- 선생님이 먼저 가봤던 곳을 이야기해 볼게요. 선생님은 며칠 전에 유치원에 근처에 있는 빵가게에서 빵을 사 본 적이 있어요. ○○○반 어린이들도 유치원 근처에 있는 빵가게에 가 본 적 있나요?
- 빵가게는 어디에 있을까요? 지도에서 찾아봅시다.
- 유치원에서 빵가게까지 가려면 어떤 길로 갈 수 있을까요?
  - 유치원에서 이화여자대학교 정문까지 간다.
  - 정문에서 나와 앞으로 계속 걸어가다 보면 오른쪽에 빵가게가 있다.
- 빵가게 옆에는 무엇이 있나요?
  - 약국이 있다.
  - 옷가게가 있다.
- 또 무엇을 찾아볼까요? 유치원 근처에서 본 것이나 가 본 곳을 이야기해 봅시다.

      • 문방구에 가 본 적 있다.

■ 지도에서 문방구를 찾아봅시다. 어디에 있나요?

■ 유치원에서 문방구까지는 어떻게 갈까요?

      • 유치원에서 이화여자대학교 정문까지 간다.

      • 정문 앞 갈림길에서 오른쪽 길로 간다. 오른쪽으로 난 작은 골목으로 들어가면 문방구가 있다.

■ 문방구 옆에는 무엇이 있나요?

      • 꽃가게가 있다.

      • 음식점이 있다.

○ 현장학습 장소를 소개하고 일정을 계획한다.

■ ○월 ○일에 우체국(또는 병원, 주민자치센터, 소방서, 경찰서, 가게 등)에 현장학습을 다녀올 거예요.

■ 지도에서 우체국을 찾아봅시다.

■ 유치원에서 우체국까지 어떻게 갈까요?

■ 우체국에서 무엇을 볼 수 있을까요?

■ 앞으로 우체국에 대해 궁금한 점이 있으면 함께 생각하고 알아보기로 합시다.

관련활동

■ 사회 '우체국 현장학습' (86쪽 참고)

■ 사회 '도서관 방문' (106쪽 참고)

■ 조형 영역 '내 동네 지도 만들기' (38쪽 참고)

■ 조형 영역 '유치원 동네 꾸미기' (62쪽 참고)

지도에서 유치원 동네와 내가 사는 동네 찾기

집단형태

소집단활동(약 10명)

활동유형

사회 · 수학

활동자료

서울특별시 지도 **TIP 1**, 유아의 얼굴 사진, 색 테이프 또는 0.1cm 정도의 리본 테이프, 셀로판 테이프, 화이트보드

TIP 1 약 140×100mm 크기가 적당하다. 활동하기 전 지도에서 유치원을 찾아 표시해둔다.

활동목표

- 지도의 용도를 안다.
- 나와 친구들이 사는 동네에 관심을 갖는다.
- 거리를 측정하고 비교하는 방법을 알고 익힌다.

활동방법

| 지도에서 내가 사는 동네 찾아보기 |

○ 지도를 소개하며 지도의 용도를 알아본다.

- 이것은 무엇인가요?
  - 지도
- 지도에 무엇이 있는지 살펴봅시다.
  - 여러 가지 기호가 그려졌다.
  - 여러 글자가 쓰였다.
- 어떤 글자가 있나요? 무엇을 뜻할까요?
  - 동네의 이름을 쓴 것이다.
  - 이 동네의 이름은 ○○동이라는 뜻이다.
- 지도를 보면 어디에 어느 동네가 있는지 알 수 있어요.

○ 내가 살고 있는 동네를 지도에서 찾아본다.

- 지도에서 ○○○반 어린이들이 살고 있는 동네를 찾아봅시다.
- ○○○반 어린이들은 무슨 동네에 살고 있나요? 내가 살고 있는 동네의 이름을 알고 있나요?
- (유아들이 이야기하는 동을 지도에서 찾아보며) ○○는 ◇◇동에서 살고 있구나. 지도에서 ◇◇동을 찾아봅시다.
- 이화유치원은 어디에 있을까요?
- 이화유치원은 서대문구 대현동에 있어요. 지도에서 찾아봅시다.
- 방안놀이 시간에 각자 내가 살고 있는 동네를 지도에서 찾아볼 거예요. 찾은 후에는 자기 사진을 붙여서 사는 곳을 표시해 보세요.

○ 방안놀이 시간에 내가 사는 동네를 찾아 사진을 붙인다.

| 지도에서 내가 사는 동네와 유치원을 리본 테이프로 연결하기 |

○ 유치원과 내가 사는 동네의 거리를 측정하는 방법을 소개한다.

- 모두 내가 사는 동네에 얼굴 표시를 했나요?
- 유치원에서 제일 가까운 거리에 사는 사람은 누구라고 생각하나요? 유치원에서 제일 멀리 살고 있는 사람은 누구일 것 같나요?
  - ○○가 가장 먼 곳에 산다.
  - ☆☆가 유치원에서 가장 가까운 곳에 산다.
- 유치원과 집의 거리를 측정하여 서로 비교할 수 있도록 선생님이 리본 테이프를 준비했어요. 리본 테이프로 유치원과 내가 살고 있는 곳을 이어 볼 거예요.
- 모든 어린이들이 지도에 리본 테이프로 표시한 후에 어느 리본 테이프가 가장 긴 지 비교할 거예요. 어떻게 비교할 수 있을까요?
  - 손가락으로 재어 본다.
  - 자로 재어 본다.
- 방안놀이 시간에 각자 유치원과 집의 거리를 표시하고 완성되면 모여서 비교해 봅시다.
○ 방안놀이 시간에 유치원과 집의 거리를 리본 테이프로 붙인다.

| 내가 사는 동네와 유치원과의 거리 비교하기 |

○ 리본 테이프의 길이를 측정하고 비교한다.
- 지도에 자신이 살고 있는 곳을 표시했나요?
- 누가 가장 멀리 사나요? 누가 가장 가까이 사나요?
- 이제 선생님이 준비한 자로 길이를 재어 볼게요.
- 이 리본 테이프 길이를 나타내는 숫자는 ○이에요. **TIP 2**
- 누구의 리본 테이프가 가장 짧은가요?
- 유치원에서 가장 가까운 곳에 사는 사람은 누구인가요?
- 그 동네의 이름은 무엇인가요?
- 누구의 리본 테이프가 가장 긴가요?
- 누가 가장 먼 곳에 살고 있나요?
- 그 동네의 이름은 무엇인가요?
○ 유아들이 방안놀이 시간에 비교해 볼 수 있도록 지도를 벽면에 게시한다.

유의점

- 같은 동네에 살고 있는 유아가 많을 경우 유아 사진을 여러 개 붙일 수 있도록 지도를 확대하여 사용한다.

관련활동

- 조형 영역 '내 동네 지도 만들기' (38쪽 참고)
- 이야기나누기 '내가 사는 동네' (18쪽 참고)
- 이야기나누기 '유치원 동네' (56쪽 참고)

유치원 동네

집 동네와 유치원 동네를 리본 테이프로 연결하기

TIP 2 길이를 잰 후 게시판이나 종이에 적어서 유아들이 볼 수 있도록 한다.

집 동네와 유치원 동네 살펴보기

집 동네와 유치원 동네와의 거리를 표시한 지도

활동 3 이화여자대학교 지도 보고 야외학습 다녀오기

집단형태

대집단활동

활동유형

사회

활동자료

이화여자대학교 지도 **T**IP 1,
컴퓨터, 빔프로젝터, 레이저포
인터, 휴대용 지도(유아 2~3
명이 한 장씩 볼 수 있을 만큼)

휴대용 지도

TIP 1 유아들이 위치를 찾는
데 도움이 되도록 빔프로젝터를
이용해 지도를 확대하여 본다.

TIP 2 유치원을 중심으로 유
아들과 찾아볼 이화여자대학교 건
물을 미리 선정하여 지도에 표시
해 둔다.

이화여자대학교 지도 살펴보기

활동목표

■ 지도의 용도와 활용방법을 안다.

■ 야외학습에서 지켜야 할 약속을 알고 실천한다.

활동방법

○ 이화여자대학교 지도를 소개하고 유치원을 중심으로 한 여러 건물을 지도에서 찾
아본다. **T**IP 2

■ 이것은 무엇인가요?

• 이화여자대학교 지도

■ 이화여자대학교 지도에는 이화여자대학교 안에 어떤 건물이 있는지 표시되어
있어서 지도를 보면 길을 쉽게 찾을 수 있어요.

■ 우리 유치원은 어디에 있나요? 지도에서 찾아봅시다.

■ 우리 유치원 옆에는 무엇이 있나요? 앞에 있는 것은 무엇인가요?

■ 지도에서 이화여자대학교 정문을 찾아봅시다. 정문에서 유치원까지 걸어 올 때
어떤 건물들을 볼 수 있나요? 지도에서 각각의 위치를 찾아봅시다.

• 박물관, 국제교육관, 대학교회 등

○ 야외학습 일정을 소개하고, 야외학습 시 지켜야 할 약속을 이야기한다.

■ 오늘은 이화여자대학교 지도를 보고 야외학습을 갈 거예요. 유치원 뒷문으로
나가서 생활환경관, 대강당, 중강당을 지나면 ECC 정원에 도착하게 되요.

■ ECC 정원에서 잠깐 휴식을 한 다음 박물관과 국제교육관을 지나서 유치원으로
돌아올 거예요.

■ 선생님과 길을 가다가 잠시 멈춰서 지도를 보고 우리가 어디에 있는지, 어떤 길
로 가야 하는지 이야기를 나눈 다음에 다시 걸어갈 거예요. 이화여자대학교 지
도는 2~3명이 함께 보도록 해요.

■ 야외학습에서 어떤 약속을 지켜야 할까요?

• 지도는 친구들과 함께 본다.

• 걸어갈 때는 지도를 보지 않는다.

• 선생님을 잘 따라간다.

• 언니, 누나들이 공부하고 있는 건물 앞을 지날 때는 조용하게 이야기한다.

○ 화장실에 다녀온 후 짝과 함께 줄을 선다.

○ 야외학습지로 출발한다.

○ 지도에서 현재 위치를 확인하고, 다음 장소로의 이동 경로를 찾아본다. 🅣IP 3

　■ 우리가 있는 곳이 어디인가요? 오른쪽에는 ○○가 있고, 앞쪽에는 ○○가 있어요. 우리가 있는 곳을 지도에서 찾아봅시다.

　■ ○○으로 가려면 어떻게 해야 할까요? 지도에서 길을 찾아봅시다.

　　• 앞쪽으로 조금 더 걸어간 다음에 왼쪽으로 꺾어져서 가야 한다.

○ 유치원으로 돌아와 지도를 보며 야외학습 경로, 야외학습에서 본 것들을 회상한다.

　■ 이화여자대학교로 야외학습을 다녀왔어요.

　■ 어디에서 출발했나요? 어느 길로 갔나요? 어디에 도착했나요? 그곳에서 무엇을 보았나요?

유의점

　■ 교사는 사전에 지도를 사용하여 야외학습지를 돌아보며 유아들이 지도를 보고 쉽게 찾을 수 있는 지점(건물)을 중심으로 야외학습 경로를 계획한다.

관련활동

　■ 사회 '지도에서 유치원 동네와 내가 사는 동네 찾기' (58쪽 참고)

　■ 신체(게임) '지도 보고 물건 찾아오기' (40쪽 참고)

유치원 동네

🅣IP 3 　야외학습 경로에 따라 이동하는 중간에도 이동방향이 바뀌는 경우에 잠시 멈춰 서서 유아들과 지도를 보면서 현재 위치를 확인하고 어느 방향으로 이동해야 하는지를 탐색해 보도록 한다.

지도에서 현재 위치 확인하기

활동 4 유치원 동네 꾸미기

집단형태

자유선택활동

활동유형

조형 영역

활동자료

큰 부직포(또는 전지 크기의 하드보드지), 다양한 크기의 종이 상자(폐품), 휴지 속심, 우유 곽 등을 한지나 색상지로 싼 것, 장난감 자동차, 나무 모형, 신호등 모형, 사람 모형, 가위, 필기도구

Ⓣ IP 게시판에 유치원 주변의 거리를 그려 놓은 후, 유아들이 본 곳의 위치를 표시한다. 건물을 그리거나, 미리 준비한 가게 사진을 게시하여 유아들의 이해를 돕는다.

활동목표

■ 유치원이 있는 동네에 관심을 가진다.
■ 유치원 동네에 여러 가지 기관이 있음을 안다.

활동방법

○ 유치원 동네에 현장학습을 다녀온 뒤 동네에서 보았던 것에 대한 이야기를 나눈다.
  ■ (현장학습 시 찍은 지역사회 기관 사진을 보면서) 유치원 동네를 돌아볼 때 어떤 기관들을 보았나요? Ⓣ IP
    • 보건소, 은행, 경찰서, 우체국, 서점, 주민자치센터 등
○ 유치원 동네 꾸미기 활동을 소개한다.
  ■ 우리 유치원이 있는 동네를 ○○○반 어린이들이 함께 꾸며 볼 거예요. 어떤 재료들이 준비되어 있나요?
    • 큰 부직포, 다양한 크기의 종이 상자(폐품), 휴지 속심, 우유 곽 등을 한지나 색상지로 싼 것, 장난감 자동차, 나무 모형, 신호등 모형, 사람 모형, 가위, 필기도구
○ 준비된 재료를 이용하여 다양한 건물을 만든다.
  ■ 이 재료들로 우리가 동네를 돌아보며 보았던 건물들을 만들 거예요.
    • 준비한 상자나 휴지 속심, 우유곽 등을 꾸미고 건물 이름이나 상호를 표시한다.
○ 유아들이 만든 건물을 배치하여 동네를 꾸민다.
  ■ (큰 부직포 위에 교사가 유치원 동네의 길과 건널목, 다리 등 커다란 윤곽이 될 만한 것을 다양한 재료로 표시하면서) 이 부직포가 땅이라고 생각하세요. 이곳이 유치원 건물이에요.
  ■ 우리가 만든 건물들 중에서 유치원에서 가장 가까운 것은 무엇인가요?
    • 우체국
  ■ 우체국은 어디에 놓을까요?
  ■ 우체국 근처에 무엇이 있나요?
    • 보건소
  ■ 보건소는 어디에 놓을까요?
○ 꾸며 놓은 동네 지도 위에서 상상 놀이를 하도록 권한다.

■ (완성된 작품을 함께 보면서) 유치원 동네를 함께 꾸며 보았어요. 실내자유선택 활동 시간에 우리가 꾸민 유치원 동네에서 자동차와 사람 모형을 가지고 놀이 해 봅시다.

확장활동

■ 본 활동은 입체적인 지도 제작 과정으로서 평면 지도 제작의 전 단계 활동이다. 구체적인 사물을 가지고 지도를 만드는 것에 익숙하게 되면 특정 상징물(예: 유니트 블록)만으로 지도를 만들거나 평면 지도를 만들어 본다.

관련활동

■ 이야기나누기 '유치원 동네' (56쪽 참고)
■ 사회 '우체국 현장학습' (86쪽 참고)
■ 사회 '도서관 방문' (106쪽 참고)
■ 조형 영역 '내 동네 지도 만들기' (38쪽 참고)

유치원 동네

유치원 동네 만들기

완성 작품

활동 5 도시 · 농촌 · 산촌 · 어촌

집단형태
대집단활동

활동유형
이야기나누기

활동자료
도시, 농촌, 산촌, 어촌에 관한 그림(사진)자료

도시

농촌

산촌

어촌

TIP 유아들에게 도시, 농촌, 산촌, 어촌에 가본 적이 있는지 물어보고 유아들의 경험담을 들어본다.

활동목표
- 지리적 특성에 따라 동네의 모습과 사람들의 생활이 다르다는 것을 안다.
- 여러 가지 동네(도시, 농촌, 산촌, 어촌)의 특징을 안다.

활동방법
○ 도시, 농촌, 산촌, 어촌 그림(사진)과 사람들이 일하는 모습 그림(사진)을 붙인 후 유아들이 분류해 보도록 한다.
- 사람들이 살고 있는 여러 동네의 그림(사진)을 보여 줄게요.
- 이번에는 여러 가지 일을 하고 있는 사람의 그림(사진)을 보여 줄게요.
- 동네 그림과 사람 그림들 중 짝이 될 수 있는 그림끼리 모아 봅시다.
- 왜 그렇게 생각했나요?
○ 도시, 농촌, 산촌, 어촌의 특징에 대해 이야기를 나눈다. **TIP**
- 이곳은 어디인가요? 집 주변에 무엇이 보이나요?
- 이곳에 사는 사람들은 주로 무슨 일을 할까요?
① 도시
  • 사람들이 많이 살고 있다.
  • 큰 건물과 여러 가지 가게들이 많다.
  • 자동차가 많다.
  • 사람들이 다양한 일을 한다.
② 농촌
  • 대부분 농사를 짓고 가축을 기르는 일을 한다.
  • 농사를 지을 수 있는 논이 많고 주변에 강이 흐른다.
  • 농사를 짓기 위해서는 다른 사람의 도움이 필요하기 때문에 마을 사람들이 서로 도움을 주고받는다.
③ 산촌
  • 산 근처에 집들이 있다.
  • 밭에서 농사를 짓거나 산에 있는 식물을 캐는 일을 한다.
④ 어촌
  • 바다 근처에 집들이 있다.

• 주로 배를 타고 바다에 나가 고기를 잡는 일을 한다. 농사를 짓는 사람들도 있다.

○ 실내자유선택활동 시간에 유아들이 이야기한 내용을 그림으로 그려 활동자료와
함께 벽면에 전시한다.

관련활동

■ 이야기나누기 '옛날 사람들이 살았던 동네' (42쪽 참고)

6 새 소식 전하기

집단형태

대집단활동

활동유형

이야기나누기

활동자료

신문 기사, 신문 화보

TIP 활동 전날에 유아들에게 활동을 간단히 소개하고 다양한 소식을 준비해 올 수 있도록 한다. 교사도 소식 거리를 준비하여 유아들에게 화제를 제시하고 새 소식을 소개하는 시범을 보인다.

새 소식의 주제로는 국가나 사회적으로 특별한 일(예: 서울에서 개최되는 정상 회담, 올림픽이나 아시안게임 등 세계적 운동 경기, 문화재 발견 및 관리와 같은 중요 사건 등), 유아들의 생활과 밀접한 관련이 있는 일(예: 황사나 장마, 태풍 등 기후 관련 소식)로 정한다. 새 소식 중 유아들에게 교육적으로 가치 있는 주제를 선별하고 유아들의 흥미와 발달 수준을 고려하여 후속 활동을 계획한다.

텔레비전 틀 안에서 새 소식 전하기

활동목표

■ 자신이 속한 지역사회 소식에 관심을 갖는다.

■ 다양한 방법을 통해 친구들과 새 소식을 공유한다.

활동방법

○ 유아들이 준비해 온 새 소식에 대하여 이야기를 나눈다. **TIP**

■ 집에서 새로운 소식을 알아온 사람이 있나요?

■ 어떤 소식을 알아왔나요?

■ 어떻게 이 소식을 알 수 있었나요?

• TV 뉴스를 보았다.

• 엄마와 함께 신문에서 보았다.

○ ○○○반에서 새 소식을 친구들에게 전할 수 있는 방법에 대해 의논한다.

■ 텔레비전이나 라디오, 신문, 인터넷 등을 통해 알게 된 새 소식을 유치원에서 친구들과 함께 나누려면 어떻게 하면 될까요?

• 새 소식을 나누는 시간을 갖는다.

• 게시판에 사진, 글을 붙인다.

• 신문을 만든다.

○ ○○○반에서 새 소식을 전하기 원하는 유아들을 찾는다.

■ 새 소식을 알아와 계획하기 시간에 친구들에게 전해 봅시다. TV 기자가 되어 소식을 전해 주세요.

■ 새 소식으로 신문을 만들거나 게시판에 꾸며 봅시다.

확장 활동

■ 유아들이 활동에 익숙해진 후에 유아가 텔레비전 아나운서가 되어 새 소식을 발표해 본다. 이때, TV 동화용 틀이나 폐품을 이용하여 만든 텔레비전 틀을 사용하면 유아들의 관심과 흥미를 높일 수 있다.

관련활동

■ 언어 '신문 만들기' (67쪽 참고)

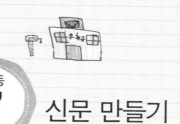

활 동 7 신문 만들기

활동목표

- 신문의 기능을 안다.
- 주변의 사물과 현상에 대해 관심을 갖는다.
- 궁금한 점을 다양한 방법으로 탐구한다.

활동방법

○ (신문을 보여 주며) 신문에 대해 이야기 나눈다.

- 신문을 살펴보았나요? 신문에 어떤 내용들이 실려 있었나요?
  - 신문의 이름, 만든 날짜, 페이지, 기사 제목, 기사 내용
  - 기사 쓴 사람의 이름, 글쓴이의 이름
  - 나라 안팎의 소식, 지역사회 소식, 일기 예보
  - 새로운 영화나 책에 대한 소식
  - 광고하는 글, 재미있는 이야기 등
- 사람들은 왜 신문을 볼까요?
  - 신문을 통해 우리 주변에서 어떤 일이 일어나고 있는지 알 수 있고, 그동안 몰랐던 것들에 대해서도 알 수 있다.

○ 신문 만들기 활동을 소개한다.

- 우리 반에서 일어난 소식을 다른 반 친구들에게 알릴 수 있는 방법이 있을까요?
  - 신문을 만들어서 배달한다.

○ 신문을 만드는 방법에 대해 이야기 나눈다.

- 신문에 어떤 내용을 실으면 좋을까요?
  - 우리 학급에서 기르는 동물
  - 다른 학급과 같이 한 활동에서 재미있었던 일
  - 유치원의 소풍, 야외학습에서 기억에 남는 일
  - ○○○반에서 재미있게 한 활동
  - 새롭게 알게 된 사회 현상이나 자연 현상에 대한 소식 등
- 새 소식은 누가, 어떻게 알아올 수 있을까요?
  - 모둠을 정해서 차례대로 알아온다.
  - 역할(예: 기자, 사진가, 삽화가 등)을 분담하여 새 소식을 조사한다.

집단형태

자유선택활동

활동유형

언어 영역

활동자료

시중에 발행되는 신문, 신문지로 사용할 종이(약 30 X 40cm 크기), 새 소식을 기록할 종이, 필기구(예: 사인펜, 색연필, 연필 등), 가위, 풀

〈신문 만드는 순서〉

① 종이를 준비한다.

② 유아들이 써오거나 그려온 기사를 오려서 붙인다.

③ 유아들이 완성한 여러 장의 종이를 고리로 묶어 준다.

④ 유아들과 함께 제목을 정하여 쓴다.

- 새 소식은 종이에 글씨로 적거나 사진으로 찍어 붙인다.
- 인터넷을 통해 알게 된 것은 인쇄해서 가져온다.

○ 모둠을 정하여 역할을 분담한다.
  ■ 모둠을 정해서 모둠별로 차례대로 학급 신문을 만들어 보도록 해요.
    • 모둠 내에서 2~3명이 짝이 되어 소식을 알아온다.
○ 신문을 만든다.
○ 대집단 활동 시간에 완성된 신문을 보며 이야기 나눈다.
  ■ 신문에 어떤 내용이 있는지 살펴보자. 어떤 기사가 있나요?
  ■ 누가 취재한 기사인가요? 어떻게 취재했나요?
  ■ 취재하면서 재미있었던 일이 있었나요?
  ■ 어떤 기사가 가장 기억에 남나요? 어떤 느낌이 들었나요?
  ■ 어떻게 하면 신문을 더 보기 좋게 만들 수 있을까요?
    • 페이지를 나누어서 만든다. **T**IP

유아들이 만든 신문

○ 신문의 이름을 정한다.
  ■ 모든 신문에는 이름이 있어요. 어떤 신문의 이름을 알고 있나요?
  ■ 신문 이름은 무엇으로 하면 좋을까요?
    • 다수결을 통해 신문의 이름을 정한다.
○ 정기적으로 신문이 완성되는 시간과 신문을 볼 수 있는 장소를 정한다.
  ■ 다음 신문은 언제 볼 수 있을까요?
    • 매주 ○요일
    • 매달 ○일
  ■ 완성된 신문을 어디에 두면 많은 사람들이 볼 수 있을까요?
    • 교실 문 옆, 언어 영역
    • 다른 학급에 배달을 한다.
  ■ 완성한 신문을 약속된 장소에 준비해 두도록 해요.
○ 다음 신문을 만들 모둠을 정한다.
○ 유아들이 신문 만들기에 익숙해진 후에는 다른 학급으로 배달해 본다.

TIP 활동 초기에는 유아들이 조사한 순서대로 기사내용을 싣고, 활동에 익숙해진 후에는 내용별로 분류하여 독자들이 읽기 편한 신문의 형태로 구성해 본다.

관련활동
  ■ 이야기나누기 '새 소식 전하기' (66쪽 참고)

활동 8 먹지 그림 그리기

활동목표

- 먹지의 특성을 안다.
- 먹지 그림이 그려지는 원리를 이해하고 그림을 그린다.

활동방법

○ 먹지를 소개한다.

- '복사' 라는 말을 들어본 적이 있나요? 무슨 뜻인가요?
  - 그림이나 사진을 그리거나 베껴내서 똑같이 만드는 것을 '복사' 라고 한다.
- 요즘에는 복사를 해 주는 기계가 있어 사용하지요. '복사기' 라고 불러요.
- (먹지를 보여 주며) 이 종이로 우리가 그린 그림을 한 장 더 생기게 할 수 있어요.

○ 교사가 먹지 그림의 방법을 시범 보인다.

- 책상에 종이를 한 장 올려 놓으세요.
- 그 위에 먹지를 놓으세요. 이 먹지가 복사기와 같은 역할을 하는 거예요. 먹지를 놓을 때에는 앞뒤를 잘 구별해서 잉크가 묻어 있는 쪽이 아래로 향하도록 해야 선명하게 그림을 복사할 수 있어요.
- 먹지 위에 종이를 올려 놓으세요.
- 맨 위의 종이에 연필로 그림을 그리고 색연필로 색칠해 보세요.

○ 그림을 다 그린 후 먹지 위에 있는 원본 종이의 그림과 먹지 아래에 있는 사본 종이의 그림을 비교해 보며 복사 원리에 대해 이야기 나눈다.

- 먹지 위에 있는 종이에 그려진 그림과 먹지 아래 놓인 종이에 그려진 그림을 비교해 봅시다. 어떤 점이 같은가요?
  - 그림의 모양이 똑같다.
- 어떤 점이 다른가요?
  - 먹지 아래에 놓은 종이에는 색깔이 검은색으로만 칠해졌다.
- 왜 검은색으로만 칠해졌을까요?
  - 먹지의 뒷면에는 검은색 잉크가 묻어 있다. 연필로 힘주어 그림을 그리면 그 힘이 먹지에도 전해져서 먹지에 묻어 있는 잉크가 밑의 종이에 묻어 나오게 된다.
  - 먹지 뒷면의 잉크가 검은색이기 때문에 색연필로 색칠해도 검은색이 묻어 나온다.

집단형태

자유선택활동

활동유형

조형 영역

활동자료

먹지, A4 용지(한 유아당 2장씩 준비), 연필 또는 색연필

먹지 그림 그리기

완성한 작품

TIP 먹지와 밑의 A4 용지를 셀로판 테이프로 고정시켜 준다.

○ 유아들이 먹지 그림을 그릴 때의 주의사항에 대하여 안내한다.

■ 먹지로 그림을 그릴 때에는 어떤 점을 조심해야 할까요?

• 연필로 힘을 주어 그려야 잉크가 잘 묻어 나온다.

• 먹지 밑에 흰 종이가 움직이면 그림이 정확하게 복사되지 않으므로 흔들리지 않게 주의하면서 그려야 한다. **TIP**

○ 먹지 그림을 그린다.

활동 9 가위·바위·보

활동목표

- 가위·바위·보 게임 방법을 알고 규칙을 지키며 게임을 한다.
- 지시를 이해하고 수행하는 능력을 기른다.

활동방법

○ 유아들이 양편으로 나뉘어 마주보고 앉는다.

○ 양편의 수가 같은지 알아보고, 양편의 수가 다를 때는 유아들과 의논하여 수를 같게 한다.

- 자리에서 한 명씩 일어나면서 차례로 숫자를 말해 보자.

○ 가위·바위·보 그림책을 보면서 가위·바위·보 놀이 방법을 이야기한다.

- 가위·바위·보 놀이를 할 수 있는 그림책으로 준비했어요.
- (그림책을 펼치며) 그림의 두 손이 무엇을 냈나요?
  - 둘 다 바위를 냈다.
- 누가 이겼나요?
  - 비겼다.
- 우리도 손으로 바위를 내 봅시다.
- (그림책을 다시 한 번 펼치며) 이번에는 양쪽의 손이 무엇을 냈나요?
  - 한 쪽(파란색)은 가위, 한 쪽(빨간색)은 보를 냈다.
- 누가 이겼나요?
  - 가위

○ 게임 방법을 소개한다.

- 이번에는 다른 방법으로 가위·바위·보 게임을 할 거예요. 양 편에서 한 명씩 나와 음악에 맞추어 가위·바위·보를 하는 게임이에요.
- 먼저 노래를 잘 들어보세요. (교사가 노래를 부른 후) 이 노래에 맞추어 게임을 할 거예요.
- 선생님과 함께 게임 방법을 보여 줄 사람이 한 명 필요해요. 누가 나와서 보여 주겠어요?

① '♫ 우리 서로 만나'

- 이 부분에서는 양 편에서 한 명씩 자리에서 일어나 가운데로 나오는 거예요.

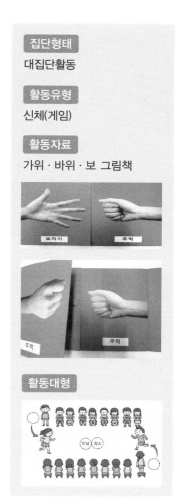

집단형태
대집단활동

활동유형
신체(게임)

활동자료
가위·바위·보 그림책

활동대형

인사하기

가위 바위 보 하기

② '♫ 인사하고요'

　■ 이 부분에서는 마주 보고 인사하세요.

③ '♫ 손을 잡고 흔들다'

　■ 어떻게 몸을 움직여야 할까요?

　　• 손을 잡고 좌우로 흔든다.

④ '♫ 가위 · 바위 · 보'

　■ 머리 위로 손을 들어 가위, 바위, 보 중에 한 가지를 내세요.

　■ 이때 손을 높이 들어 가위 · 바위 · 보를 해야 다른 사람들이 볼 수 있어요.

　■ 선생님이 무엇을 냈나요? △△는 무엇을 냈나요?

　■ 누가 이겼나요?

　　• △△

　■ 두 사람이 같은 것을 내는 경우에는 한 사람이 이길 때까지 '가위 · 바위 · 보' 부분을 여러 차례 부르는 거예요.

⑤ ♫ 라라라랄라랄라랄라랄랄랄라

　■ 게임을 마친 사람들이 자리에 들어가 앉는 거예요.

　■ 진 사람은 이긴 사람을 따라가서 이긴 사람의 자리 앞 바닥에 앉으세요.

○ 게임 평가방법을 소개한다.

　■ 모든 사람들이 가위 · 바위 · 보를 한 후에 이긴 사람이 많은 편이 이기는 거예요.

　■ 이긴 사람이 몇 명인지 어떻게 알 수 있을까요?

　　• 의자에 앉은 사람의 수를 세어서 수가 더 많은 편이 이긴다.

　　• 바닥에 앉은 사람 수(다른 편에서 데려온 사람의 수)를 세어서 수가 더 많은 편이 이긴다.

○ 유아들과 함께 양편의 이름을 정한다.

○ 게임을 한다.

○ 게임을 평가한다.

　■ 바닥에 앉아 있는 사람들의 숫자를 세어 봅시다.

　■ 어느 편이 더 많은 사람을 데려왔나요?

○ 유아들의 흥미 및 참여도에 따라 한 번 더 게임을 한다.

가위 바위 보

느리지 않게

둘 이 서 로 만 나   인 사 하 고 요   손 을 잡 고 흔 ─ 들 며

가 위 바 위 보   라 라 라 랄 라 라 라 라 라   라 라 라 라

3. 지역사회

활동 1 서로 돕는 우리 동네

집단형태
대집단활동

활동유형
이야기나누기

활동자료
유아들이 만든 '유치원 동네 지도'

활동목표

■ 집이나 유치원 동네에 있는 지역사회 기관의 종류와 역할을 안다.

■ 지역사회의 다양한 기관에 종사하는 분들께 감사하는 마음을 갖는다.

■ 지역사회 구성원으로서 협력하는 태도를 기른다.

활동방법

○ 유아들이 꾸민 집 동네 또는 유치원 동네 작품을 보며 지역사회 기관의 기능과 필요성에 대하여 이야기를 나눈다.

■ ○○○반 어린이들이 만든 유치원 동네 모습을 살펴봅시다. 어떤 곳들이 있나요? 여기는 어디일까요?

• 우체국, 경찰서, 병원, 가게 등

■ 우체국, 경찰서, 병원, 가게가 왜 한 동네에 모여 있을까요?

• 사람들이 사는 동네 안에 있으면 이용하기에 편리하다.

■ 지역사회 기관이 없다면 어떤 일이 일어날까요?

• 우체국: 먼 곳에 있는 사람에게 편지를 보낼 수 없다.

• 경찰서: 위험한 일이 일어날 수 있다.

• 병원: 아픈 곳을 치료할 수 있다.

○ 각 지역사회 기관에 종사하는 사람들의 역할에 대하여 이야기를 나눈다.

■ 이 기관에는 누가 어떤 일을 할까요?

■ 또 동네에 사는 사람들이 편안히 살 수 있도록 만든 곳에는 무엇이 있을까요? 이곳에서는 누가, 어떤 일로 우리를 도와줄까요?

• 세차장: 차를 깨끗하게 해 준다.

• 미용실: 미용사가 머리 모양을 예쁘게 바꿔 준다.

○ 지역사회 구성원으로서 협조하는 방법과 태도에 대하여 이야기를 나눈다.

■ 동네를 살기 좋은 곳으로 만들기 위해 애쓰시는 분들께 어떤 마음이 드나요?

• 감사한 마음이 든다.

■ 이런 분들께 어떻게 감사하는 마음을 표현할 수 있을까요?

• 기관에서 일하는 분들을 만나면 바르게 인사한다.

• 공중도덕을 지킨다(예: 줄서기, 아껴 쓰기 등).

- 이야기나누기 '유치원 동네' (56쪽 참고)
- 조형 영역 '내 동네 지도 만들기' (38쪽 참고)
- 조형 영역 '유치원 동네 꾸미기' (62쪽 참고)
- 동화 '우리 동네의 여러 가지 기관' (78쪽 참고)

활동 2 우리 동네의 여러 가지 기관

활동목표

- 편리한 생활을 위해 지역사회 기관이 필요함을 안다.
- 지역사회 기관의 종류와 역할을 안다.

활동방법

○ 다양한 지역사회 기관에 대해 이야기한다.

- 어떤 곳의 사진인가요?
  - 시장, 빵가게, 꽃집, 병원 등
- 이곳은 무엇을 하는 곳인가요? 왜 필요한가요?
  - 시장: 생활하는 데 필요한 여러 가지 물건을 파는 곳이다.
  - 빵가게: 빵을 만들어 파는 곳이다. 맛있는 빵을 사 먹을 수 있다.
  - 꽃집: 꽃을 파는 곳이다. 아름다운 꽃을 살 수 있다.
  - 병원: 몸의 아픈 곳을 치료해 주는 곳이다.

○ 동화를 들려준다.

- 동네에 있는 여러 가지 기관들을 소개하는 동화를 함께 볼 거예요.
- 동화에 어떤 기관들이 나오는지 잘 생각하면서 감상해 보세요.

○ 동화의 내용을 회상한다.

○ 유아들이 살고 있는 동네에 대해 소개하고 싶은 점을 조사해 오도록 한다.

- 내가 살고 있는 동네에 어떤 기관들이 있는지 부모님의 도움을 받아 조사해 오도록 해요. 그림을 그리거나 글을 써 오세요. 사진을 찍어 와도 좋아요.
- 내일 ○○○반 어린이들이 조사해 온 것을 친구들에게 소개하는 시간을 갖도록 합시다.

관련활동

- 이야기나누기 '서로 돕는 우리 동네' (76쪽 참고)
- 동극 '장미꽃과 재채기' (79쪽 참고)
- 조형 영역 '내 동네 지도 만들기' (38쪽 참고)
- 조형 영역 '유치원 동네 꾸미기' (62쪽 참고)

활동 ③ 장미꽃과 재채기

집단형태
대집단활동

활동유형
동극

활동자료
동화자료(자석 동화), 자석판

활동목표

- 지역사회 기관의 종류와 역할을 안다.
- 동화의 내용을 이해하고 극으로 표현한다.

활동방법

○ 동화를 듣고 난 뒤 동극을 할 것임을 알려준다.

- 동화를 듣고 동극을 하는 데 필요한 사항을 당부한다.
  - 어떤 등장인물이 나와서 어떤 말을 하는지 기억하면서 듣는다.
  - 동극을 하기 위해서는 어떤 준비물과 무대가 필요할지 생각하면서 듣는다.

○ '장미꽃과 재채기' 자석 동화를 들려준다.

○ 유아들과 함께 동화의 내용과 대사를 회상해 본다.

- 어떤 등장인물들이 나왔나요?
  - 친구들, 철이, 의사선생님, 손님, 은행원, 도둑, 경찰서장
- 농장에서 사는 철이는 기분이 아주 좋았대요. 왜 기분이 좋았나요?
  - 생일이었기 때문이다.
- 그래서 친구들은 무엇을 선물로 주었나요?
  - 장미 꽃다발을 주었다.
- 친구들은 철이에게 뭐라고 하면서 그 선물을 주었나요? ○○○반 어린이들이 친구들이 되어서 철이에게 이야기해 주세요. **TIP 1**
  - (유아들이 친구들 역할을 맡아서) "철이야, 생일을 진심으로 축하해."

○ 동극무대 꾸미기에 대해 의논하고 무대를 꾸민다.

- 이 동극을 하기 위해서는 무엇이 필요할까요?
  - 무대를 꾸며야 한다.
- 어떤 곳이 필요할까요?
  - 농장, 음식점, 은행, 경찰서
- 무대를 어떻게 꾸밀까요?
  - 교실 내에 있는 물건을 사용한다.
  - 필요한 소품은 직접 만들거나 그린다.
- 농장은 어떻게 꾸밀까요? 무엇으로 꾸밀 수 있을까요?

TIP 1 이와 같은 상호작용 방법으로 줄거리와 대화 부분을 유아들이 회상하여 이야기해 보도록 한다. 유아들이 정확한 대사를 기억하지 못하더라도 동화의 맥락과 흐름에 맞게 각색하여 말할 수 있도록 격려한다.

TIP 2 유아들이 준비할 소품
이 많을 경우 동화를 들은 후 실내
자유선택활동 시간에 준비하게 한
다. 소품과 무대를 맡은 유아들이
자신의 역할을 잊지 않도록 게시
판에 적어놓아서 수시로 확인하게
한다.

- 종이벽돌블록으로 울타리를 만든다.
- 교실에 있는 조화를 농장 곳곳에 놓아 둔다.
  - 동극을 하려면 또 어떤 곳이 있어야 할까요?
    - 음식점, 은행, 경찰서
○ 동극에 필요한 소품을 준비한다. **TIP 2**
  - 동극을 하려면 무엇이 필요할까요?
    - 장미꽃
    - 의사선생님 진찰가방
    - 샌드위치
    - 우편집배원 가방과 편지
    - 목에 걸 수 있는 장미꽃다발
  - 무엇으로 준비할까요?
    - 꽃다발은 조화를 사용한다.
    - 샌드위치는 역할 놀이 영역의 소품을 사용한다.
    - 우편집배원 가방은 옆 반의 역할 놀이 영역에 있는 것을 빌려온다.
○ 동극을 할 배역을 정한다.
  - (등장인물을 차례대로 이야기하며) 철이 역할을 맡고 싶은 사람은 손을 드세요.
○ 배역을 맡은 유아들이 나와서 한 줄로 서서 자기소개를 한다.
  - 역할을 맡은 사람들은 무대 가운데에 한 줄로 서세요. 왼쪽에 있는 사람부터 차례대로 자신이 맡은 역할과 이름을 말하세요.
○ 배역을 맡은 유아들은 무대에 있는 자신의 집을 찾아 간다.
  - 이제 역할을 맡은 어린이들은 무대의 자기 자리로 가 기다리세요.
○ 교사는 해설로 동극을 진행한다.
  - "지금부터 ○○○반 어린이들의 '장미꽃과 재채기' 동극을 시작하겠습니다."
○ 동극이 끝난 후 한 줄로 서서 인사하고, 관객들은 답례로 박수를 친다.
  - 역할을 맡았던 사람들이 무대 가운데 한 줄로 서 인사를 하면 관객들은 크게 박수를 쳐 주세요. 차렷, 인사.
○ 유아들과 함께 감상을 이야기하며 평가한다.
  - 동극이 재미있었나요? 어떤 점이 재미있었나요?
  - 어떻게 하면 동극을 재미있게 할 수 있을까요?
    - 큰 목소리로 대사를 말한다.
    - 관객을 바라보며 이야기한다.
    - 관객은 바른 태도로 동극을 감상한다.
○ 평가를 반영하여 재공연을 한다.
  - 새로운 배역을 정하고, 평가를 참고로 하여 두 번째 동극을 한다.

○ 동극이 끝난 뒤 유아들이 무대와 소품을 정리할 수 있도록 한다.

관련활동

■ 이야기나누기 '서로 돕는 우리 동네' (76쪽 참고)

동 화

장미꽃과 재채기

김종상

농장에 사는 철이는 오늘도 기분이 무척 좋습니다. 왜냐하면 오늘은 철이의 생일이기 때문입니다. 친구들이 예쁜 장미 꽃다발을 들고 왔습니다.

친구들 철이야! 생일을 진심으로 축하한다.
철 이 정말, 고맙다. 이건 정말 예쁜 장미구나. 향기도 아주 좋겠는걸. 흥흥흥……
에…… 에취! (재채기하는 얼굴을 붙였다가 뗀다.)

이게 웬일일까요?
철이가 장미꽃에 코를 대고 냄새를 맡자 재채기가 나오고 친구들이 모두 넘어졌습니다.

친구들 아니, 이게 웬일이지? 아무래도 의사 선생님을 모셔와야겠는걸.

의사 선생님께서 오셨습니다.

철 이 참, 이상해요. 웬일일까요?
의사선생님 아~ 알았다. 장미꽃 때문에 재채기를 하는 거야.
철 이 장미꽃 때문이라구요? 그런데 이곳엔 장미꽃이 너무 많은 걸. 나는 이제 장미
꽃이 많은 이곳을 떠나서 도시로 가야겠어. 도시에 가서 일자리를 구해 열심히
일하겠어. 안녕!

철이는 농장을 떠나서 도시로 갔습니다.
철이는 음식점에서 일하게 되었습니다.
열심히 일하고 있던 어느 날, 장미꽃을 머리에 꽂은 손님이 들어왔습니다.

손 님 여기 샌드위치 주세요.
철 이 예, 알았습니다.

철이가 음식을 날라와서 식탁에 놓으려는데 그만 장미꽃에 코가 닿고 말았습니다.

철 이 에…… 에…… 에취!

손 님 어머! 이 일을 어떻게 하지? 내 옷을 다 버렸잖아?

철이는 음식점을 그만두어야 했습니다.
철이는 음식점을 그만두고 다른 일자리를 구하러 다녔습니다.
이번에는 우편집배원이 되었습니다.
(우편집배원 가방 안에 편지를 넣고 그 편지의 끝이 밖으로 나오게 한 뒤 가방을 어깨에 멘다. **T**IP 3)
철이는 편지를 가득 넣은 가방을 메고 편지 배달을 하러 다닙니다.

TIP 3 실의 한쪽 끝에 편지를 붙여 놓고 다른 한쪽은 무대 밖에서 잡아당길 수 있게 한다.

철 이 이번에는 더 열심히 일해야지!

장미꽃이 만발한 집에 도착한 철이가 편지를 우체통에 넣으려는데 그만 재채기가 나오고 말았습니다.

철 이 에…… 에취! ('편지'의 실을 잡아 당긴다.) 어휴! 편지가 모두 날아가 버렸잖아? 이 일도 계속 할 수가 없겠는걸.

철이는 다시 다른 일자리를 찾아서 돌아다니다가 이번에는 경찰관이 되었습니다.
(경찰관 모자를 쓴다.)
철이가 열심히 교통 정리를 하고 있던 어느 날, 길 건너편에 있는 은행에 도둑이 든 모양입니다.

은행원 도둑이야! 도둑! 도둑 좀 잡아 주세요. 돈을 훔친 도둑이 달아나고 있었어요!

철 이 서라! 서라!

철이는 도둑을 쫓아갔습니다. 그러나 도둑을 붙잡을 수가 없었습니다.
그 때 장미꽃을 든 소녀가 지나가고 있었습니다.
철이는 어떻게 했을까요?
철이는 얼른 그 소녀에게로 달려가서 장미꽃에 코를 대었습니다.

철 이 에, 에, 에취!
도 둑 어이쿠! 어이쿠! 이게 웬일이지?

철이의 재채기 때문에 도둑이 뒤로 벌렁 넘어지고 말았습니다.
그래서 철이는 도둑을 잡았습니다.

경찰서장 정말, 수고했네! 자넨 정말 용감한 경찰이군!

경찰 서장님은 철이의 목에 장미 꽃다발을 걸어 주었습니다.

철　이　어? 이상하네? 재채기가 나오지 않는걸…….

웬일인지 장미꽃에 코가 닿아도 재채기가 나오지 않았습니다.
그래서 철이는 용감한 경찰이 되어 많은 사람들을 도와줄 수 있었습니다.

활동 4 편지가 도착하기까지

집단형태

대집단활동

활동유형

이야기나누기

활동자료

편지가 전달되기까지의 그림자료(게시판자료 혹은 컴퓨터 사진자료)

그림자료의 예

TIP 1 유아들에게 소개할 편지는 유치원 졸업생의 안부 편지나 생일카드 등 쉽고 짧은 것으로 준비하여 유아들이 편지글을 이해할 수 있도록 돕는다.

TIP 2 유아들이 소인 도장에 관심을 보이는 경우 엽서나 카드, 편지를 많이 부칠 때에는 우표를 하나씩 붙이려면 시간과 힘이 많이 들기 때문에 우체국에 가서 한꺼번에 돈을 내고 소인을 찍는 방법도 있음을 알려 준다.

활동목표

- 우체국의 역할을 안다.
- 편지가 배달되는 과정에 관심을 갖는다.
- 우체국에서 일하는 분들께 감사하는 마음을 갖는다.

활동방법

○ 유아들에게 교사가 받은 편지 **TIP 1**를 소개하며 편지를 쓰는 이유에 대해 이야기 나눈다.

- (편지를 보여 주며) 며칠 전에 유치원으로 편지가 배달되어 왔어요. 누가 보낸 편지일까요?
- 선생님이 읽어 볼게요.
- (편지를 읽은 후) 왜 이 편지를 썼을까요?
  - 전하고 싶은 소식이 있는데 서로 멀리 있기 때문에 만나서 이야기하기 어려울 때 편지를 쓴다.

○ 편지가 배달되는 과정에 대하여 이야기를 나눈다.

- 이 편지를 친구에게 보내려면 어떻게 해야 할까요?
  - 편지 봉투에 우표를 사서 붙인다. 편지를 우체통에 넣으면 우편집배원이 우체통에서 편지를 꺼내어 우체국으로 가져간다.
  - 편지를 쓴 사람이 우체국으로 편지를 직접 가져가서 붙일 수도 있다.
- 우표가 바르게 붙어 있는지 잘 확인한 후에 우체국 도장(소인)을 찍어요. 왜 우표를 사서 붙여야 할까요? **TIP 2**
  - 우표를 판 돈으로 우체국을 운영한다.
  - 우체통을 설치하는 데 사용한다.
  - 우체국에서 일하시는 분에게 월급을 준다.
- 중앙 우체국에 편지가 모이면 동네별로 배달할 편지들을 모아요.
- 편지들을 자루에 담고 우편물 배달차에 실어 동네의 우체국으로 가져가요.
- 각 동네의 우체국에 전해진 편지들은 동네 집배원이 집으로 배달해 주세요.

○ 편지가 배달되기 위해 여러 사람이 수고한다는 것에 대해 이야기를 나눈다.

- 여러 가지 일을 하는 사람 중, 한 사람이라도 일을 열심히 하지 않으면 편지가

잘 배달될 수 있을까요?

- 편지가 늦게 도착한다.
- 편지를 잃어버릴 수 있다.

■ 우체국에서 일하는 분들께 어떤 마음을 가져야 할까요?

- 궂은 날씨에도 편지나 소포를 전해 주는 집배원께 감사한 마음을 갖는다.

관련활동

■ 역할 놀이 영역 '우체국 놀이' (88쪽 참고)

■ 사회 '우체국 현장학습' (86쪽 참고)

■ 과학 영역 '전자우편(E-mail) 보내기' (100쪽 참고)

■ 이야기나누기 '새 소식 전하기' (66쪽 참고)

우체국 현장학습

집단형태

대집단활동

활동유형

사회

활동자료

우체국 사진, 유아들이 보낼 편지, 우표 값

TIP 1 본 활동을 실시하기 전 유아들이 역할 놀이 영역에서 '우체국 놀이'를 할 수 있도록 흥미 영역을 구성하고, 편지를 보내는 방법에 대해 이야기를 나눈다. 유아들이 우체국 놀이에 많은 흥미를 갖고 참여하고, 우체국에 관한 사전 지식이 형성되면 유아들과 의논하여 현장학습 일정을 계획한다.

우체국으로 현장학습 가기

우체국 직원에게 편지 부치는 방법 설명 듣기

활동목표

■ 우체국의 역할을 안다.

■ 우편물을 보내는 방법을 익힌다.

■ 우체국에서 일하시는 분들께 감사하는 마음을 갖는다.

활동방법

○ 현장학습 일정을 소개한다. **TIP 1**

■ 오늘은 우체국으로 현장학습을 갈 거예요. 우체국으로 현장학습을 가서 무엇을 할 수 있을까요?

• 편지봉투, 우표, 우편함, 소포 상자 등을 볼 수 있다.

• 우리가 쓴 편지를 부칠 것이다.

• 우체국에서 일하시는 분께 편지가 어떻게 배달되는지 여쭈어 볼 것이다.

• 우체국에서 일하시는 분께 궁금한 점을 여쭈어 볼 것이다.

■ 우체국에서 어떤 약속을 지켜야 할까요?

• 편지, 소포를 보내거나 돈을 예금하는 사람들이 있으므로 조용히 한다.

• 우체국에 있는 물건을 함부로 만지지 않는다.

○ 유아들이 각자 쓴 편지를 가지고 우체국으로 현장학습을 간다.

■ 우체국에서 일하시는 분들께 인사를 드리도록 해요.

■ 우리가 우체국에 온 이유를 말씀드립시다.

• "우체국에서 하는 일을 알아보러 왔어요."

• "편지를 부치기 위해 왔어요."

○ 우체국 직원으로부터 우체국에서 하는 일에 대한 설명을 듣고 궁금한 점을 질문한다.

■ 우체국에서는 무슨 일을 하나요?

• 편지, 소포를 전하는 일을 한다.

• 우표, 엽서를 파는 일을 한다.

• 은행처럼 돈을 예금하고 찾을 수 있다.

• 우체국을 통하여 물건을 사고 팔 수 있다. 우체국에서 파는 물건이 소개된 책을 보고 사고 싶은 물건을 결정한다. 돈을 내고 주소를 알려 주면 며칠 후에

우체국에서 물건을 배달해 준다.

　• 집에서 TV나 컴퓨터를 통해 산 물건을 집으로 배달해 준다.

■ 또 우체국에서 하는 일이나, 우체국에 있는 물건 중에 궁금한 것이 있으면 여쭈
어 봅시다.

○ 유아들이 유치원에서 준비해 온 편지를 보낸다.

■ 우편 창구에서 직접 우표를 사서 편지를 보낼 거예요. **T**IP 2

　• □□동으로 보낼 거예요. 얼마인가요?

■ 구입한 우표를 편지봉투에 붙입시다.

　• 편지봉투의 우표 붙이는 곳에 풀로 붙인다.

■ 우표를 붙인 편지봉투를 편지함에 넣으세요.

　• 일반 우편함에 넣는다.

○ 우체국에 다녀온 후 유아들과 현장학습 내용을 회상한다.

■ 우체국에서 무엇을 보았나요?

■ 우체국은 어떤 일을 하는 곳인가요?

　• 편지를 전해 준다. 특히 먼 곳에 사는 사람, 외국에 사는 사람에게는 직접 편
지를 전해 주기 어려우므로 우체국이 필요하다.

　• 편지뿐만 아니라 물건을 보내야 할 때도 우체국을 이용한다.

　• 집에서 TV나 컴퓨터로 주문한 물건을 배달해 주는 일도 한다.

　• 요즘에는 편지 대신 전자우편(E-mail), 전화기의 문자메시지 등으로 소식을
전하기 때문에 우편물이 적어지고 있다.

지역사회

TIP 2　유아들이 각자 우표를
사 볼 수 있도록 우표 값을 잔돈으
로 준비한다.

우표 구입하기

편지함에 편지봉투 넣기

유의점

■ 유아들과 현장학습 일정을 의논하기 전에 교사들이 미리 우체국을 방문하여 현
장학습 시간, 우체국에서 유아들이 할 수 있는 활동, 우체국 직원의 안내 여부
등을 우체국 관계자와 협의한다. 특히 유아들이 개별적으로 우표를 구입할 경
우 우체국 업무에 지장을 초래할 수 있으므로 사전에 협조를 부탁한다.

관련활동

■ 역할 놀이 영역 '우체국 놀이' (88쪽 참고)

■ 이야기나누기 '편지가 도착하기까지' (84쪽 참고)

■ 과학 영역 '전자우편(e-mail) 보내기' (100쪽 참고)

우체국 놀이

집단형태
실내자유선택활동

활동유형
역할 놀이 영역

활동자료
우체통, 소인, 스탬프, 우편집배원 가방과 모자, 편지 봉투, 편지지, 연필, 지우개, 우표, 풀

우체국 놀이 환경

우체국 놀이 소품

활동목표
■ 우체국의 역할을 안다.

■ 우체국을 이용하는 방법을 안다.

■ 놀이를 스스로 계획하고 준비하는 태도를 기른다.

활동방법

| 우체국 놀이 계획하기 |

○ 우체국 놀이에 대해 소개한다.

■ 역할 놀이 영역에 무엇이 준비되어 있나요?

• 우체국 모자, 가방, 우표, 편지지 등

■ 어떤 놀이를 할 수 있을까요?

• 우체국 놀이를 할 수 있다.

○ 우체국 놀이 방법에 대해 이야기한다.

■ 방안놀이 시간에 우체국 놀이를 할 수 있어요. 우체국 놀이를 어떻게 할 수 있을까요?

• 친구나 선생님께 편지를 쓰면 집배원이 가방에 편지를 넣고 배달한다.

○ 우체국 놀이에 필요한 역할에 대해 이야기한다.

■ 우체국 놀이를 하려면 어떤 역할이 필요한가요?

• 우표를 파는 사람, 접수하는 사람, 손님(편지를 쓰고 붙이는 사람), 편지를 배달하는 사람 등

■ 우표를 파는 사람은 어떤 일을 하나요?

• 편지의 무게를 잰다.

• 무게에 따라 우표 값(예: 220원, 250원, 270원 등)을 정한다.

• 손님에게 우표 값을 말하고 돈을 받는다.

• 손님에게 우표를 건네준다.

■ 접수하는 사람은 어떤 일을 하나요?

• 손님에게 편지를 받는다.

• 편지에 우표가 붙어 있는지 확인한다.

• 우표에 도장을 찍는다. 이때 편지봉투에도 도장이 같이 찍히도록 한다.

- 받은 편지를 우편물을 모아 놓는 통에 넣어 둔다.
■ 손님(편지를 쓰고 붙이는 사람)은 어떤 일을 하나요?
  - 편지지에 편지를 쓴다.
  - 다 쓴 편지를 봉투에 넣는다.
  - 봉투에 받는 사람의 이름과 주소를 쓴다. 주소는 유치원 주소로 쓴다. **T**IP

  - 우표를 산다. 우표 값에 맞는 돈을 낸다.
  - 우표를 받아 편지봉투 오른쪽 위에 우표를 붙인다.
  - 우체국에 가서 편지를 붙이거나 우체통에 넣는다.
■ 집배원은 무슨 일을 하나요?
  - 우편집배원의 가방을 메고 모자를 쓴다.
  - 접수한 편지들이 몇 장 쌓이면 편지를 가방에 넣는다.
  - 편지를 하나씩 꺼내서 받는 사람의 이름을 확인한다.
  - 받는 사람에게 찾아가 편지를 전해 준다.
○ 우체국 놀이에 필요한 것에 대해 이야기한다.
  ■ 우체국 놀이에 필요한 것들을 생각해 봅시다. 역할별로 나누어서 생각해 보자.
  ■ 우표 파는 사람(접수하는 사람, 집배원, 손님) 역할을 하려면 무엇이 필요한가요?
    - 우표 파는 사람: 우표(3종류), 돈, 돈 받는 통, 저울 등
    - 접수하는 사람: 도장, 스탬프, 편지 등
    - 집배원: 모자, 가방 등
    - 손님: 편지지, 편지봉투, 연필, 돈 등

| 우체국 놀이 및 놀이 평가하기 |

○ 방안놀이 시간에 우체국 놀이를 한다.
○ 놀이를 한 후, 모여 앉아 놀이 평가하는 시간을 갖는다.
  ■ 우체국 놀이를 해 보니 어떠하였나요?
  ■ 놀이를 하면서 어떤 점이 재미있었나요?
  ■ 불편했던 점이 있었나요?
    - 친구들이 놀이 시간이 아닌 때에도 아무 때나 우체통에서 편지를 꺼내 배달하여 정작 놀이 시간에는 배달할 편지가 많지 않았다.
    - 우편집배원을 하고 싶어 하는 사람이 많았다.
    - 한 사람이 배달부 역할을 오래 맡아 기다리는 시간이 길었다.
  ■ 불편한 점을 어떻게 해결할 수 있을까요?
    - 배달 시간을 정해서 배달 시간에만 배달을 한다.
    - 우편집배원 역할을 하고 싶어 하는 사람이 많은 경우 순서표에 이름을 적어 순서를 정한다. 한 사람이 ○번 배달을 하면 다음 사람에게 역할을 양보한다.
  ■ 우체국 놀이를 하기 위해 더 필요한 물건이 있나요?

TIP 편지봉투의 보내는 사람 주소란에 유치원 주소 쓰는 것이 어려운 유아들은 유치원 주소가 새겨진 도장을 사용하게 한다.

편지 배달하기

배달 시간 표시

- 우체국에서 편지뿐만 아니라 물건들(소포)을 보내기도 한다. 다양한 크기의 소포가 있으면 좋겠다.

○ 평가를 반영하여 놀이를 더욱 재미있게 하기 위한 방법에 대해 의논한다.
  ■ 우체국 놀이를 하면서 다른 사람들도 알았으면 하는 점이 있나요?
    - 다른 반 친구들이나 선생님께 쓴 편지일 경우 그 반에 가서 전해 준다. 그런데 어린이들이 모여 앉아 활동하는 시간에 가면 방해될 수 있으므로 방안놀이 시간이나 마당놀이 시간을 미리 알고 그때 배달한다.

○ 평가를 반영하여 놀이한다.

관련활동
  ■ 사회 '우체국 현장학습' (86쪽 참고)
  ■ 이야기나누기 '편지가 도착하기까지' (84쪽 참고)
  ■ 이야기나누기 '새 소식 전하기' (66쪽 참고)

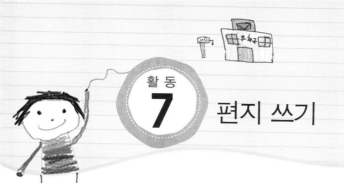

활동 7 편지 쓰기

활동목표

- 편지를 쓰는 방식을 알고 익힌다.
- 편지를 보내는 방법을 안다.
- 자신의 생각을 글로 표현하는 경험을 한다.

활동방법

○ 편지에 들어가는 내용을 살펴본다.

- 편지에는 어떤 내용이 있나요?
  - 받는 사람(쓴 사람)의 이름
  - 편지 내용(인사, 하고 싶은 이야기)
  - 편지를 쓴 날짜
- 편지는 어디에 넣어서 보내나요?
  - 봉투에 넣어서 보낸다.
- 봉투에는 무엇을 써야 할까요?
  - 받는 사람(보내는 사람)의 주소와 이름
  - 우편번호
- 편지봉투에 무엇을 붙여야 편지가 배달될 수 있나요?
  - 우표를 붙여야 한다.

○ 편지를 쓰는 방법을 이야기한다.

- 편지의 속지에는 '○○에게', '○○께' 라고 받는 사람의 이름을 써요. 그 다음에는 받는 사람에게 인사하는 말을 쓰고, 자기가 하고 싶은 말을 적어요. 편지 내용을 다 적은 뒤에는 무슨 말을 써야 할까요?
  - 편지를 마치는 인사를 한다.
- 마치는 인사를 한 다음에는 편지를 쓴 날짜와 편지를 쓴 사람의 이름을 적어요. 자기보다 나이가 어린 사람에게 편지를 보낼 때에는 '○○' 으로 적지만, 나이가 많은 분께 보낼 때에는 '○○올림' 또는 '○○드림' 이라고 예의를 갖춰서 써야 해요.

○ 편지를 쓴다.

- 우리가 이야기한대로 편지를 써볼 거예요.
- 누구에게 편지를 쓸까요? **T**IP

집단형태

자유선택활동

활동유형

언어 영역

활동자료

편지봉투, 편지속지, 연필, 지우개, 사인펜, 색연필, 풀, 우표, 편지의 형식 및 보내는 방법과 관련된 게시물

편지 쓰기 환경

TIP 부모님께 편지를 쓰기로 하고 집 주소를 알아 온다. 친구나 친척에게 쓰고 싶어 하는 유아의 경우 받는 사람의 주소를 정확히 알아 오도록 한다.

○ 완성된 편지를 봉투에 넣는다.

■ 완성된 편지를 잘 접어서 봉투에 넣으세요.

■ 편지가 빠지지 않도록 풀이나 스티커로 잘 붙이세요.

○ 편지봉투에 내용을 쓴다.

■ 봉투에 무엇을 써야 하나요? 받는 사람과 보내는 사람의 주소와 이름을 적어 보세요.

■ 또 무엇을 적어야 할까요?

• 우편번호를 적어야 한다.

■ 우편번호는 사람들이 보낸 많은 편지들을 배달하기 편리하도록 동네별로 나누기 위해 매긴 번호예요. 어떤 동네로 편지를 보내려면 그 동네의 우편번호를 편지봉투에 써야 해요. 우편번호가 나와 있는 책이 있어서 사람들이 원하는 곳의 번호를 쉽게 찾아볼 수 있어요.

○ 편지 겉봉투에 우표를 붙인다.

■ 우표는 왜 붙일까요?

• 편지를 배달할 때 필요한 비용을 내는 것이다.

■ 우표의 값이 왜 다를까요?

• 편지 무게에 따라 값이 올라간다.

○ 유아들이 쓴 편지를 모아서 우체통에 넣는다.

■ 완성된 편지를 어떻게 해야 할까요?

• 우체국에 가서 부친다.

• 우체통에 넣는다.

■ 내일(○일)은 유치원 근처에 있는 우체국으로 가서 편지를 부쳐 봅시다.

편지봉투에 우표 붙이기

관련활동

■ 유아들이 글로 편지를 쓰기 어려워하는 경우 교사가 바른 맞춤법을 알려 주거나 종이에 글자를 써서 보여 주는 등 개별 유아의 쓰기 수준에 적합한 도움을 준다.

관련활동

■ 역할 놀이 영역 '우체국 놀이' (88쪽 참고)

■ 이야기나누기 '편지가 도착하기까지' (84쪽 참고)

■ 동시 '편지는 요정' (98쪽 참고)

■ 동극 '바람 부는 날' (93쪽 참고)

활 동 8 바람 부는 날

활동목표

■ 친구에게 소식을 전하는 방법에 대하여 안다.

■ 우체국과 우편집배원의 역할을 안다.

■ 동화의 내용을 이해하고 극으로 표현한다.

활동방법

○ 동화를 듣고 난 뒤 동극을 할 것임을 알려준다.

  ■ 동화를 듣고 동극을 하는 데 필요한 사항을 당부한다.

    • 어떤 등장인물이 나와서 어떤 말을 하는지 기억하면서 듣는다.

    • 동극을 하기 위해서는 어떤 준비물과 무대가 필요할지 생각하면서 듣는다.

○ '바람 부는 날' TV동화를 들려준다.

○ 유아들과 동화의 내용과 대사를 회상해 본다.

  ■ 어떤 등장인물들이 나왔나요?

    • 찌순이, 고양이, 오리, 찍찍이, 거북이, 토끼 우편집배원 아저씨

  ■ 찌순이는 어디로 가는 중이었나요?

    • 우체국을 가는 길이었다.

  ■ 찌순이는 우체국에 무엇을 하러 갔나요?

    • 찌돌이에게 편지를 부치러 가는 중이었다.

  ■ 그런데 바깥 날씨가 어땠나요?

    • 바람이 많이 불었다.

  ■ 바람 때문에 편지가 어떻게 되었나요?

    • 바람에 편지가 날아갔다.

  ■ 찌순이는 편지를 찾으러 가다가 누구를 만났나요?

    • 고양이를 만났다.

  ■ 선생님이 찌순이가 되어서 이야기하면 ○○○반 어린이들이 고양이가 되어서 이야기해 보세요. ⓣIP 2

    • (교사가 찌순이 역할을 맡아서) 고양이야, 혹시 내 편지 못 봤니?

    • (유아들이 고양이 역할을 맡아서) 편지라고? 응, 네 편지인지는 모르지만 저쪽에 편지가 하나 있던 걸, 이 길로 쭉 가봐.

집단형태

대집단활동

활동유형

동극

활동자료

동화자료(TV 동화), TV 동화 틀 ⓣIP 1

ⓣIP 1 극 중 주인공이 순차적으로 장소를 이동하므로 주인공의 이동을 효과적으로 표현할 수 있는 TV 동화로 제작한다.

ⓣIP 2 교사는 유아들을 관찰한 후, 유아들 중 대사를 잘 알고 표현하는 유아에게 다른 유아들이 들을 수 있도록 시범 보이기를 부탁한다. 유아들이 정확한 대사를 기억하지 못하더라도 동화의 맥락과 흐름에 맞게 각색하여 말할 수 있도록 격려한다.

- (교사가 찌순이 역할을 맡아서) 정말 고맙다.
  - 오리, 찍찍이, 거북이 아저씨 등에 대해 같은 방식으로 회상해 본다.
○ 무대 꾸미기에 대해 의논하고 무대를 꾸민다.
  - 이 동극을 하기 위해서는 어떤 곳이 필요한가요?
    - 찌순이네, 풀 숲, 꽃밭, 언덕 위 길가 등
  - 무대는 어떻게 꾸밀까요?
    - 교실 내에 있는 물건이나 영역을 활용한다.
  - 여러 장소들이 서로 가까이 있으면 어떻게 될까요?
    - 찌순이가 걸어 다녀야 하는데 장소들이 너무 가까이 있으면 걸어 다니기 힘들다.
  - 그럼 어떻게 지으면 좋을까요?
    - 장소와 장소 사이에 걸어 다닐 수 있을 정도의 거리를 두어 만든다.
○ 소품을 준비한다. **T**IP 3
  - 동극을 하려면 무엇이 필요한가요?
    - 찌돌이에게 보내는 편지
  - 무엇으로 준비할까요?
    - 편지봉투, 편지
  - 동극을 할 때 각각 어느 역할을 맡았는지 알 수 있도록 하려면 무엇이 필요할까요?
    - 동극용 머리띠나 동물 이름이 적힌 목걸이를 한다.
  - 소품과 무대를 준비하고 싶은 사람은 손을 드세요.
○ 동극을 할 배역을 정한다.
○ 배역을 맡은 유아들이 나와서 한 줄로 서서 자기소개를 한다.
  - 역할을 맡은 사람들은 무대 가운데에 한 줄로 서세요. 왼쪽에 있는 사람부터 차례대로 자신이 맡은 역할과 이름을 말하세요.
○ 배역을 맡은 유아들은 무대에서 자신의 집을 찾아 그 자리로 간다.
  - 역할을 맡은 어린이들은 찌순이를 만나게 되는 장소에 가서 기다리세요. 찌순이를 맡은 어린이는 집에 들어가서 준비하세요.
○ 교사는 해설로 동극을 진행한다.
  - "지금부터 ○○○반 어린이들의 '바람 부는 날' 동극을 시작하겠습니다."
○ 동극이 끝난 후 한 줄로 서서 인사하고, 관객들은 답례로 박수를 쳐 준다.
  - 역할을 맡았던 사람들은 무대 가운데에 와서 한 줄로 서세요. 배우들이 인사를 하면 관객들은 크게 박수를 쳐 주세요. 차렷, 인사.
○ 유아들과 함께 감상을 이야기하며 평가한다.
  - 동극이 재미있었나요? 어떤 점이 재미있었나요?
  - 어떻게 하면 동극을 재미있게 할 수 있을까요?
    - 큰 목소리로 대사를 말한다.

TIP 3 유아들이 준비할 소품이 많을 경우 동화를 들은 후 실내 자유선택활동 시간에 준비하게 한다. 소품과 무대를 맡은 유아들이 자신의 역할을 잊지 않도록 게시판에 적어놓아서 수시로 확인하게 한다.

- • 관객을 바라보며 이야기한다.
- • 관객은 바른 태도로 동극을 감상한다.

○ 평가를 반영하여 재공연을 한다. 새로운 배역을 정하고, 평가를 참고로 하여 두 번째 동극을 한다.

○ 동극이 끝나면 유아들이 무대와 소품을 정리할 수 있도록 한다.

관련활동

- ■ 이야기나누기 '편지가 도착하기까지' (84쪽 참고)
- ■ 사회 '우체국 현장학습' (86쪽 참고)
- ■ 역할 놀이 영역 '우체국 놀이' (88쪽 참고)
- ■ 언어 영역 '편지 쓰기' (91쪽 참고)

지역사회

'바람 부는 날' 동극하기

동 화

바람 부는 날

'휘이잉 휘이잉'

찌 순   바람 때문에 잘 걷지를 못하겠네.

찌순이는 편지를 손에 들고 우체국을 향해 부지런히 걸어갔습니다.
이때 갑자기, '휘이익'

찌 순   어, 어, 편지가 날아간다. 기다려, 기다려, 편지야!

심술궂은 바람이 찌순이의 편지를 날려 버렸습니다. 편지는 땅 속으로 내려오다가 다시 하늘로 멀리 멀리 날아갑니다. 찌순이는 편지를 잡으러 막 뛰어갑니다.

찌 순   헉, 헉, 헉, 편지야, 이리와. 가지마! 어? 어디 갔지? 편지가 정말 멀리 날아가 버렸네. 이 일을 어쩌지. 편지를 찾아야겠어.

찌순이는 편지를 찾으러 다시 걸어갑니다. 찌순이는 길가에서 고양이를 만났어요.

찌 순   고양이야, 혹시 내 편지 못 봤니?
고양이   편지라고? 응, 네 편지인지는 모르지만 저쪽에 편지가 하나 있던걸. 이 길로 쭉 가 봐.
찌 순   정말 고맙다.

길을 따라서 쭉 가다가 이번에는 오리 아줌마를 만났어요.

찌 순   오리 아주머니, 혹시 제 편지 못 보셨어요? 하얀 봉투에 '찌돌이에게' 라고 써
         있어요.
오 리   아, 그 편지라면 풀숲으로 조금만 들어가면 있어.
찌 순   고맙습니다. 오리 아주머니.

찌순이는 풀숲으로 가 보았지만 편지는 없었어요. 그곳에서 꽃을 들고 오는 찍찍이를
만났어요.

찌 순   찍찍아, 혹시 이 근처에 편지 떨어져 있는 것 못 봤니? 찌돌이한테 보낼 편진데
         바람이 날려 버렸거든.
찍 찍   아, 봤어. 저기 꽃밭에 떨어져 있던걸.
찌 순   정말 고맙다.

헉, 헉, 찌순이는 숨 가쁘게 언덕을 올라 꽃밭으로 갔습니다.

찌 순   어? 여기도 편지가 없네. 또 어디로 날아갔을까? 저기 거북이 아저씨가 있네?
         아저씨! 거북이 아저씨!
거북이   어, 찌순이구나.
찌 순   네, 안녕하셨어요? 그런데 아저씨, 혹시 여기서 편지 한 통 못 보셨어요?
거북이   흰 봉투에 '찌돌이에게' 라고 써 있는 것 말이냐?
찌 순   네, 바로 그거예요.
거북이   그거라면 언덕 위 길가에 있던데.
찌 순   고맙습니다. 거북이 아저씨.

찌순이는 다시 언덕 위 길가를 찾아 갔습니다.

찌 순   아, 저기 있구나!

찌순이가 편지를 잡았을까요?
'휘이익'

찌 순   어, 어, 가지마. 잡았, 잡았, 아이참, 또 날아가 버렸네.

찌순이는 토끼 우편집배원 아저씨를 만났습니다.

찌 순   아이, 숨차라. 우편집배원 아저씨, 혹시 제 편지 못 보셨어요?
토 끼   봤지. 그거라면 내가 주워서 이 가방 안에 넣어 뒀단다.
찌 순   야, 신난다! 이제야 찾았구나. 그럼 우체국에 가지 않아도 아저씨께서 찌돌이에
         게 전해 주시겠어요?

토　끼　그럼 염려 말아라. 내가 찌돌이에게 잘 전해 주마.

찌　순　고맙습니다.

그런데 갑자기 '휘이잉~ 휘이잉'

토　끼　아니, 편지가 다 날아가네, 이를 어쩌지!

찌　순　내 편지! 내 편지! 기다려.

찌순이는 또다시 편지를 잡으러 뛰어갑니다. 정말 굉장한 바람이에요.
찌돌이가 이 편지를 받아 볼 수 있을까요?
아마 바람이 편지를 찌돌이네 집까지 전해 주려나 봐요.

편지는 요정

집단형태

대집단활동

활동유형

동시

활동자료

동시자료, 게시판

동시자료

활동목표

- 편지의 역할을 안다.
- 동시를 서정적인 느낌으로 낭송한다.

활동방법

○ 편지에 대하여 이야기한다.

- 친구에게 소식을 전하기 위해서는 어떻게 하면 될까요?
  - 만나서 소식을 전해 준다.
- 직접 찾아갈 수 없을 정도로 멀리 있는 친구에게는 어떻게 소식을 전할까요?
  - 전화를 건다.
  - 편지를 쓴다.
  - 이메일을 보낸다.
- 편지를 써서 부치면 우리가 쉽게 가지 못하는 곳을 편지가 대신 가서 친구에게 소식을 전해 줄 수 있어요.

○ 교사가 동시를 낭송한다.

- 내가 가지 못하는 곳을 대신 가 주는 편지를 '요정'이라고 생각하고 지은 동시가 있어요. 선생님이 낭송해 볼 테니 감상해 보세요.

○ 동시를 듣고 난 후 느낌을 이야기해 본다.

- 동시를 듣고 난 후 느낌을 이야기해 줄 사람 있나요?
  - 편지를 요정이라고 생각한 것이 재미있다.
  - 편지를 받고 기뻐하는 친구의 모습이 떠올라 기쁜 마음이 든다.

○ 동시가 쓰여 있는 글씨 자료를 융판에 붙이고 교사가 다시 한 번 낭송한다.

○ 유아들과 함께 한 행씩 낭송한다.

- 선생님을 따라서 동시를 낭송해 보세요. 선생님이 한 행을 낭송하면 따라서 낭송하세요.

○ 교사와 유아가 번갈아 가며 낭송한다.

○ 처음부터 끝까지 다 함께 시를 낭송해 본다.

- 처음부터 끝까지 다 함께 낭송해 봅시다. 다른 사람들과 함께 속도를 맞추어서 적당한 크기의 목소리로 낭송해 보도록 해요. **T**IP

TIP 유아들이 동시에 익숙해진 경우, 동시를 잘 낭송할 수 있는 유아가 나와서 다른 유아들에게 동시를 들려줄 수 있다.

○ 동시자료를 벽면에 게시하여 유아들이 자유롭게 감상하고 낭송할 수 있도록 한다.

관련활동

■ 동극 '바람 부는 날' (93쪽 참고)
■ 사회 '우체국 현장학습' (86쪽 참고)

동 시

편지는 요정

편지는 요정
내가 갈 곳을 제가 가 준다.
동으로 서로 남북으로

아름다운 바다를 지나
산을 넘고 언덕을 넘어
가야 하고 가고 싶은 곳이면 어디나 간다.
우리가 찾아가지 못하는 곳에
살고 있는 친구도 찾아내 준다.

활 동 10 전자우편(E-mail) 보내기

집단형태

자유선택활동

활동유형

과학 영역

활동자료

컴퓨터, 학부모 메일주소 리스트, 메일 보내기 순서도

활동목표

- 인터넷으로 편지를 보낼 수 있음을 안다.
- 컴퓨터의 기본적인 사용방법을 알고 익힌다.

활동방법

○ 편지 보내는 방법을 회상한다.

- 우리가 쓴 편지를 어떻게 전해 줄 수 있을까요?
  - 직접 전해 준다.
  - 우체국을 통해 전해 준다.
- 멀리 사는 사람에게 쓴 편지를 우체국에 가서 편지를 부치면 우체국 직원이 대신 편지를 배달해 줘요.

○ E-mail을 통해 편지를 보낼 수 있음을 소개한다.

- 우체국에 가지 않고도 편지를 보낼 수 있는 방법이 있어요. 어떤 방법이 있을까요?
  - 컴퓨터를 이용해서 보낸다.
- 컴퓨터를 사용하는 사람들끼리 인터넷으로 편지를 주고받을 수 있어요. 이것을 '전자우편(E-mail)'이라고 해요.
- 전자우편을 사용하면 우체국에 가지 않고 편지를 전할 수 있어요. 우표가 필요하지 않고 금세 배달되어 편리해요.
- 우리도 전자우편을 보내 봅시다.

○ 컴퓨터 사용방법을 회상하고 인터넷에 접속한다. **TIP 1**

- 컴퓨터 사용하는 방법을 기억하고 있나요? 인터넷에 접속하기 위해 어떤 그림을 클릭해야 하나요?

○ 실내자유선택활동 시간에 개별 또는 소집단(2~3명)으로 교사와 함께 이메일을 보낸다.

① 메일 전송 프로그램에 들어간다.

- '메일'이라는 버튼을 누르면 편지를 보내거나 받을 수 있는 곳으로 이동할 수 있어요. 버튼을 눌러봅시다.
- (메일함의 화면을 살펴보며) 어떤 그림과 글자들이 보이나요?
  - 편지, 카드 모양의 그림

TIP 1 생활주제 '즐거운 유치원'에서 실시한 '컴퓨터 사용' 활동내용과 유아들의 컴퓨터 활용 수준을 고려한다.

- '메일 쓰기', '메일 보내기' 글자
- '받은 메일(편지)함', '보낸 메일(편지)함' 글자 등
■ 메일을 쓰기 위해서는 무엇을 눌러야 하나요?
- '메일 보내기' 글자

② '받는 사람'에 아빠나 엄마의 메일 주소를 입력한다.
■ 엄마나 아빠께 메일을 보내 보도록 합시다. 다른 사람에게 편지를 쓸 때 무엇을 써야 하나요?
- 받는 사람(보내는 사람)의 주소와 이름
- 우편번호, 우표 등
■ 편지에 받는 사람의 집 주소를 적는 것처럼 인터넷 메일을 쓸 때도 주소를 적어야 해요. 인터넷의 주소는 편지에 적는 집 주소와는 달라요. 아빠(엄마)의 메일 주소를 알아 왔나요? ⓣIP 2
■ (메일 주소가 적힌 종이를 보여 주며) 종이에 적힌 것이 엄마(아빠)의 메일 주소 예요. 이 주소를 받는 사람이라고 적힌 칸에 쓰세요.

③ 메일 제목을 적는다.
■ 메일의 제목을 써 봅시다. 제목을 뭐라고 쓰면 좋을까요?

④ '보내는 사람'에 유치원의 메일 주소를 입력한다.
■ '받는 사람'의 주소를 적은 다음에는 누구의 주소를 적어야 할까요?
- 보내는 사람
■ 보내는 사람의 주소로 유치원의 메일 주소를 적어 보도록 하자.

⑤ 메일 내용을 적는다. ⓣIP 3
■ 아빠, 엄마께 하고 싶은 이야기가 있나요? 내용을 적어 보도록 하자.
■ 선생님과 함께 편지를 읽어 보도록 해요. 바꾸고 싶은 부분이 있으면 다시 바꿀 수 있어요.

⑥ '보내기' 또는 '발송'을 누른다.
■ 모두 다 적은 다음에는 무엇을 누르면 될까요?
- '보내기', '발송' 글자
■ '보내기' 글자를 눌러보세요.

○ 부모님으로부터 답장이 도착하면 답장을 확인한다.
■ 편지를 받은 사람은 답장을 할 수 있어요.
■ 아빠나 엄마로부터 답장이 왔는지 확인해 볼 수 있어요.
- '받은 메일함'을 누르면 확인할 수 있다.
■ '받은 메일함' 글자를 누르면 우리가 받은 메일을 확인할 수 있어요. 엄마나 아빠로부터 답장이 왔는지 확인해 보도록 하세요.

ⓣIP 2 활동하기 전 유아들이 각 가정에서 아버지와 어머니의 메일 주소를 조사해 종이에 적어 오도록 한다. 교사는 학기 초에 작성한 개인정보조사서에 기록된 학부모 메일 주소를 미리 준비해 둔다.

ⓣIP 3 유아들이 글자를 입력할 때 교사가 자판의 위치를 알려 주거나 대신 입력해 주는 등의 도움을 준다.

유아가 보낸 메일

관련활동

■ 언어 영역 '편지 쓰기' (91쪽 참고)

■ 사회 '우체국 현장학습' (86쪽 참고)

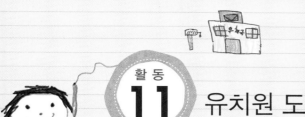

활동 11 유치원 도서실 이용방법

활동목표

- 유치원 도서실을 이용하는 방법을 안다.
- 그림책을 대출하고 반납하는 방법을 안다.
- 도서실 이용 시 지켜야 할 약속을 익힌다.

활동방법

○ 유치원 도서실을 소개하고 도서실 환경을 탐색한다. **T**IP

- 이곳은 ○○유치원 어린이들과 가족들이 이용할 수 있는 도서실이에요. 도서실을 둘러 보세요. 어떤 것들이 있나요?
  - 책을 읽을 수 있는 책상과 의자, 소파
  - 여러 종류의 어린이 책과 어른 책
  - 책이 꽂혀 있는 책장
  - 인형이나 장식품
- 유치원 도서실에서 할 수 있는 것을 알아 봅시다.
  - 방안놀이 시간에 선생님, 친구들과 함께 책을 읽을 수 있다.
  - 도서실의 책을 빌려서 집에 가져가서 읽을 수 있다.
  - 유치원을 마친 후에 가족들과 책을 읽을 수 있다.

○ 도서실에서 사용하는 물건에 대해 이야기한다.

- 도서실에는 책을 빌려 주거나 책을 빨리 찾고 쉽게 정리할 수 있도록 도와주는 것들이 있어요.
  - 바코드: 글자나 숫자를 입력하지 않아도 컴퓨터가 알 수 있도록 굵기가 다른 여러 개의 선으로 만들어진 표시이다. 책이나 대출증에 바코드 스티커가 붙어 있다.
  - 바코드 리더기: 대출증과 책의 바코드를 읽어서 컴퓨터에게 알려 주는 일을 한다.
  - 대출증: 책을 빌려 가는 사람의 이름과 사진, 바코드가 있다. 대출증의 바코드를 찍고 책의 바코드를 찍으면 책을 빌려 가는 사람이 누구인지, 무슨 책을 빌려 갔는지 컴퓨터의 기록을 불러 올 수 있다.
  - 컴퓨터: 도서실에 있는 모든 책의 제목과 지은이, 구입한 날짜, 책의 위치, 책

집단형태

소집단활동(약 10명)

활동유형

이야기나누기

활동자료

유아용 대출증, 바코드 리더기, 바코드가 부착된 그림책 등

TIP 유치원 도서실에서 활동을 실시하여 실제로 도서실 환경을 둘러보고, 실물을 보여 주면서 전개하는 것이 효과적이다.

도서실 환경 둘러보기

을 빌려 간 사람 등의 정보가 저장되어 있다.

○ 그림책 대출 및 반납 방법에 대해 이야기한다.

■ 도서실에서 책을 빌리는 것을 '대출'이라고 해요. 그림책을 대출하는 방법에 대해 알아봅시다.

• 선생님과 도서실로 와서 선생님이 나누어 주는 대출증을 받는다.

• 자신이 빌려 가고 싶은 책을 1권, 2권 또는 3권 고른다.

• 대출증과 고른 책을 들고 대출 책상 앞에 줄을 선다.

• 자신의 차례가 되면 도서실 선생님께 대출증과 책을 드린다.

• 자신이 빌린 책을 가지고 도서실 문 앞에 줄을 선다.

• 선생님과 교실로 돌아가서 자신의 그림책 가방에 책을 정리한다.

■ 빌려 갔던 그림책을 다시 돌려주는 것을 '반납'이라고 해요. 그림책을 반납하는 방법에 대해 알아봅시다.

• 그림책 가방에서 가져 온 그림책을 꺼내서 선생님과 도서실로 간다.

• 그림책을 도서실 선생님께 드리면 책의 바코드를 찍어서 반납해 주신다.

■ 우리 반이 그림책을 대출하고 반납하는 날은 매주 ○요일이에요. 정해진 요일에 책을 반납해야 또 책을 빌릴 수 있어요.

○ 도서실을 이용할 때 지켜야 하는 약속에 대해 이야기한다.

■ 도서실에서 책을 읽거나 대출 또는 반납을 할 때 어떤 약속을 지켜야 할까요?

• 책은 한 번에 한 권씩만 꺼낸다.

• 읽은 책과 사용한 의자는 스스로 정리한다.

• 도서실에서 읽은 책은 책장에 직접 꽂지 않고 정리함에 따로 정리한다.

• 높은 위치에 정리되어 있는 책을 읽고 싶을 때는 선생님이나 도서실 선생님께 부탁드린다.

• 도서실에 있는 책은 여러 사람이 함께 읽는 것이므로 소중하게 다룬다.

• 대출·반납 책상에 있는 책은 꺼내지 않는다. 읽고 싶은 책이 있는 경우 도서실 선생님께 말씀드린다.

• 도서실에서 작은 목소리로 말한다.

○ 도서실에서 지켜야 할 약속을 글과 그림으로 표현하여 약속 표지판을 만들고 도서실에 부착한다.

유의점

■ 유치원 도서실을 학부모에게도 개방하는 경우 부모회나 가정통신문을 통해 도서실 사용에 대한 안내를 실시한다.

도서실에서 지켜야 할 약속 표지판

- 역할 놀이 영역 '도서관 놀이' (108쪽 참고)
- 사회 '도서관 방문' (106쪽 참고)
- 수학 '도서관 책 정리하기' (111쪽 참고)

지역사회

활동
12 도서관 방문

집단형태
대집단활동

활동유형
사회

활동자료
도서관 내부사진, 기록용구
(예: 자석판, 보드마카펜 등)

활동목표
■ 도서관의 역할을 안다.
■ 공공장소에서 지켜야 할 예절을 알고 실천한다.
■ 도서관에서 일하시는 분들께 감사하는 마음을 갖는다.

활동방법
○ 도서관에 가 본 경험에 대해 이야기를 나눈다.
　■ 도서관에 가 본 적이 있나요?
　　• 유치원 도서실에서 책을 빌려 봤다.
　　• 집 앞에 있는 어린이 도서관에 가서 책을 봤다.
　■ 도서관은 어떤 곳일까요?
　　• 여러 가지 책, 신문 등을 모아 놓고 사람들이 볼 수 있도록 하는 곳이다.
　　• 책을 필요한 사람들에게 빌려 주기도 한다.
　　• 책 외에 음악 CD, 비디오테이프, 잡지 등의 다양한 자료도 모아 놓았다.
○ 도서관의 종류에 대해 이야기를 나눈다.
　■ 여러 종류의 책을 모아 놓은 도서관도 있지만 한 가지 종류를 정해서 그것에 대한 책만을 모아 놓은 도서관도 있어요. 무슨 도서관일까요? 어떤 책이 있을까요?
　　• 어린이 도서관 : 어린이들이 읽는 책을 모아 놓은 도서관
　　• 의학 도서관 : 사람들이 걸릴 수 있는 병과 치료하는 방법에 대한 책을 모아 놓은 도서관
　　• 신학 도서관 : 하나님에 대한 이야기를 담은 책, 성경이야기를 담은 책을 모아 놓은 도서관
　　• 음악 도서관 : 음악이나 음악가에 대한 책을 모아 놓은 도서관
○ 도서관 현장학습 일정과 현장학습 시 지켜야 할 약속에 대하여 이야기를 나눈다.
　■ 이화여자대학교 도서관으로 현장학습을 갈 거예요. 도서관에 가면 무엇을 볼 수 있을까요?
　　• 여러 종류의 책
　　• 사람들이 책을 읽는 모습
　　• 책의 위치를 확인하는 컴퓨터, 책을 대출하고 반납하는 것을 표시하는 기계

- 음악을 듣거나 영화를 볼 수 있는 곳
- 여러 종류의 신문이나 잡지

■ 도서관에서 일하시는 분들은 '사서' 선생님이라고 해요. 현장학습을 가면 사서 선생님께 궁금한 점을 여쭈어 보고 이야기를 들을 수 있어요. 궁금한 점은 무엇인가요? **T**IP

- 책을 빌려 가려면 어떻게 해야 하나요?
- 약속한 날짜에 책을 반납하지 않으면 어떻게 되나요?
- 내가 읽고 싶은 책을 찾으려면 어떻게 해야 하나요?
- 도서관에는 어떤 책들이 있나요?

■ 도서관에서 어떤 약속을 지켜야 할까요?

- 여러 사람이 책을 보고 있으므로 조용히 한다.
- 사서 선생님이 들려주시는 이야기를 잘 듣는다.
- 책마다 정해진 자리가 있으므로 책꽂이에 있는 책을 함부로 꺼내지 않는다.

○ 사전에 계획한 일정에 따라 도서관 현장학습을 실시한다. 도서관 직원으로부터 사서가 하는 일에 대해 이야기를 듣고, 궁금한 점을 물어 본다.

■ 사서 선생님은 도서관에서 무슨 일을 하나요?

- 도서관에 오는 사람들에게 필요한 좋은 책을 찾아서 도서관에 준비해 둔다.
- 도서관에 어떤 책이 있는지를 조사한다.
- 도서관의 책들의 자리를 정해 주고 제자리에 정리한다.
- 사람들에게 책을 빌려 주고, 책을 반납했는지 확인한다.

■ 사서 선생님께 궁금한 점을 여쭤 봅시다.

유의점

■ 유아들과 현장학습 일정을 의논하기 전에 교사들이 미리 도서관을 방문하여 현장학습을 실시하기 편리한 시간, 유아들이 방문할 수 있는 장소, 도서관 직원의 안내 가능 여부 등을 도서관 관계자와 협의한다.

관련활동

■ 역할 놀이 영역 '도서관 놀이' (108쪽 참고)
■ 수학 '도서관 책 정리하기' (111쪽 참고)
■ 이야기나누기 '유치원 도서실 이용방법' (103쪽 참고)

지역사회

TIP 유아들이 현장학습지에서 여쭈어 볼 궁금한 점을 이야기하면 게시판에 기록하고, 이를 종이에 옮겨 적어 현장학습 시 지참한다.

활 동
13 도서관 놀이

자유선택활동

역할 놀이 영역

도서관 현장학습을 가서 찍은 사진, 도서관 놀이에 필요한 그림책, 책장, 책상, 화이트보드, 보드마카펜

활동목표

- 도서관의 역할을 안다.
- 도서관을 이용하는 방법을 안다.

활동방법

○ 도서관을 이용한 경험에 대해 이야기 나눈다.
- 도서관은 무엇을 하는 곳인가요?
  - 책을 빌리는 곳
- 집이나 유치원 근처에 있는 도서관에 가 본 적이 있나요?
  - 엄마랑 같이 가 보았다.
- 도서관 이름이 무엇이었나요?
  - ○○도서관
- 가서 무슨 책을 빌렸나요?
- 우리 유치원에도 도서관이 있지요? 유치원 어디에 있나요?
- 언제 책을 빌리나요? 언제 반납하나요?
- 어떻게 책을 빌리나요?
  - 반별로 책을 빌리는 시간에 도서관에 간다.
  - 빌리고 싶은 책을 두 권 고른다.
  - 사서 선생님께 대출증과 함께 책을 건넨다.
  - 빌린 책을 가방에 넣어 장에 걸어 둔다.
○ 도서관 놀이 방법에 대해 의논한다.
- ○○○반에 도서관을 만들고 책을 보거나 빌려 주는 놀이를 할 수 있어요.
- 우리가 책을 빌려 주는 사람과 빌리는 사람이 되어 필요한 것을 만들고 놀이할 거예요.
○ 도서관 놀이를 하기에 적합한 장소에 대해 의논한다.
- 교실 안에 도서관을 만들려면 어느 장소가 좋을까요?
  - 앉아서 책을 볼 장소와 많은 책들이 필요하므로 언어 영역과 가까운 곳에 만들면 좋겠다. **TIP 1**
○ 도서관 놀이를 하기 위해 필요한 것들을 의논한다.

TIP 1 언어 영역과 도서관 놀이 영역을 별도의 공간에 구성할 수도 있고, 언어 영역을 도서관으로 바꾸어 구성할 수 있다.

■ 도서관 놀이를 하기 위해 어떤 것들이 필요할까요?
• 그림책, 책을 꽂을 책꽂이, 책을 볼 수 있는 책상, 책을 빌리기 위한 대출증, 필기류 등
■ 필요한 것들을 어떻게 준비할 수 있을까요?
• 그림책: 우리가 보고 싶은 그림책을 정하고 찾아 준비한다.
• 대출증: 네모 모양 종이에 사진을 붙이고 이름을 쓴다.
■ 실제 도서관에서는 컴퓨터 장치를 사용하여 책을 빌릴 수 있도록 되어 있어요. 그러나 우리 반에 그 기계를 설치할 수는 없어요. 어떤 방법으로 책을 빌릴까요?
• 종이로 대출카드를 만들어 빌릴 때마다 빌린 사람의 이름을 적고, 반납하면 그 옆 칸에 표시를 한다.

○ 도서관 사서의 역할과 놀이 방법을 이야기한다.
■ 도서관 사서는 책을 빌려 주고 받는 일뿐만 아니라 사람들이 필요한 책들을 잘 찾을 수 있도록 정리하는 일도 해요.
■ 도서관 사서는 누가 할까요?
• 반납된 책을 정리하는 사서 ○ 명, 책을 빌려 주는 사서 ○ 명
• 각 사서는 역할이 적힌 이름표를 가슴에 단다.

○ 책을 빌리는 사람의 역할과 놀이 방법을 이야기한다.
■ 책을 빌리는 사람은 무엇을 가지고 도서관에 가야 하나요?
• 대출증
■ 도서관에서 어떻게 책을 빌리나요?
• 보고 싶은 책을 고른다.
• 사서가 대출카드에 빌리는 책의 제목과 빌린 사람의 이름을 적는 동안 기다린다.
• 대출증을 보여 주고 책을 빌린다.
■ 책을 어떻게 반납하나요?
• 책을 읽은 후 도서관 사서에게 가져다준다.
• 사서는 책을 빌린 사람의 이름을 쓴 대출카드에 반납표시를 한다.

○ 역할을 정해 도서관 놀이를 위한 준비를 한다.
○ 방안놀이 시간에 도서관 놀이를 한다.
○ 놀이를 한 후, 모여 앉아 놀이 평가를 한다.
■ 도서관 놀이를 해 보니 어떠하였나요?
■ 놀이를 하면서 어떤 점이 재미있었나요?
■ 놀이를 하면서 사서로서 힘든 점이 있었나요?
• 놀이할 때 도서관 책꽂이에서 빌린 책을 언어 영역의 책꽂이에 정리해서 책을 찾기 힘들었다.

대출증

대출카드

사서 표지판

사서 명찰

도서관 놀이하기

 책을 비닐로 싼 후 비닐 위에 스티커를 붙인다.

- 대출카드에 책의 제목을 쓰는 데 시간이 많이 걸렸다.
- 원하는 책을 꺼내어 본 후 정리하지 않고 책상 위에 그대로 올려 놓거나 책꽂이 칸에 아무렇게나 꽂아 놓아 정리하는 것이 어려웠다.
- 반납한 책을 다시 꽂을 때 원래 자리가 어디였는지 기억나지 않아 정리하는 것이 힘들었다.

■ 힘든 점들을 어떻게 해결할 수 있을까요?

- 도서관 놀이에서 사용하는 책꽂이의 책과 언어 영역에 제공한 책을 스티커를 붙여서 구분한다. **T**IP 2
- 책에 번호(특정 표시)를 매겨, 대출카드에 제목 대신 책에 적혀 있는 번호를 적는다.
- 바구니나 상자를 준비하여, 보고 난 그림책을 그곳에 넣고 사서가 바구니에 담긴 책을 정리한다.
- 책꽂이의 각 칸마다 색깔을 정하고, 그 색깔을 책 겉장에 붙여 쉽게 정리할 수 있도록 한다.

○ 각자 역할을 정하여 놀이에 필요한 물건을 준비하여 놀이한다.

관련활동

■ 이야기나누기 '유치원 도서실 이용방법' (103쪽 참고)
■ 사회 '도서관 방문' (106쪽 참고)
■ 수학 '도서관 책 정리하기' (111쪽 참고)
■ 수학 '이 달의 인기 책' (113쪽 참고)

활동목표

- 도서관에서 일하는 사람의 역할을 안다.
- 1부터 20까지의 숫자를 세고 읽을 수 있다.
- 기준에 따라 사물을 분류하는 능력을 기른다.

활동방법

○ 도서관 놀이의 놀이 평가 시간에 책 정리에 대한 이야기를 한다.

- 도서관 놀이를 하다가 불편한 점이 있었나요?
  - 책을 책장에 정리할 때 순서 없이 아무 곳에나 꽂아서 책을 찾기 힘들었다.
  - 원래 자리에 책을 정리하고 싶었지만 기억나지 않았다.
- 어떻게 하면 책을 찾거나 정리하기 쉬울까요?
- 도서관에서는 어떻게 책을 정리하나요?
  - 책에 순서를 정하고 순서대로 정리한다.

○ 책을 정리하는 방법에 대해 의논한다.

- 우리도 책에 순서를 정하기로 해요. 어떻게 정할까요?
  - 책에 1부터 번호를 매기고 해당하는 숫자 스티커를 책에 붙인다.
- 책장이 몇 개인가요? 어느 책장에 정리해야 할지를 알려면 어떻게 해야 할까요?
  - 책장이 두 개이므로 각 책장에 무늬를 정하고 무늬 스티커를 책에 붙인다.

○ 책에 숫자 스티커와 무늬 스티커를 붙인다. **T**IP

- 이 책장은 어떤 무늬로 정할까요?
  - ☆ 무늬
- 이 책장에 있는 책들에 ☆ 무늬 스티커를 붙여 봅시다.
- 각 책에 순서대로 번호 스티커를 붙여 봅시다.

○ 책장에 책을 정리한다.

- 책에 어떤 무늬가 있나요?
  - ☆ 무늬가 붙어 있다.
- 어느 책장에 책을 꽂아야 할까요?
  - ☆ 무늬가 붙어 있는 책장
- 책에 몇 번 스티커가 붙어 있나요?

집단형태

소집단활동(약 10명) · 대집단활동

활동유형

수학

활동자료

책장, 숫자판, 숫자 스티커, 셀로판 테이프

TIP 도서관 놀이가 끝난 후 책을 정리할 때 유치원 전체 정리 체계와 혼동되지 않도록 책을 비닐로 싼 후 비닐 위에 스티커를 붙인다.

책에 무늬 스티커와 번호 스티커 붙이기

책장에 책 정리하기

• 1번 스티커가 붙어 있다.

■ 어디에 정리해야 할까요?

　• 가장 앞에 정리한다.

■ 이 책에는 '8'이 적혀 있어요. 8보다 1 작은 숫자는 무엇인가요?

　• 7이다.

■ 8보다 1 큰 숫자는 어떤 수인가요?

　• 9이다.

■ 그럼 이 책은 어디에 꽂아야 할까요?

　• 7번 책과 9번 책 사이에 꽂아야 한다.

■ 알맞은 자리에 책을 꽂아 보세요.

관련활동

■ 역할 놀이 영역 '도서관 놀이' (108쪽 참고)

■ 사회 '도서관 방문' (106쪽 참고)

■ 신체(게임) '책 제목 알아맞히기' (115쪽 참고)

활동 15 이 달의 인기 책

집단형태
대집단활동

활동유형
수학

활동자료
투표 용지, 투표 결과를 기록할 종이와 필기구

활동목표

■ 도표를 활용하는 방법에 관심을 갖는다.
■ 책에 관심을 갖는다.

활동방법

○ 계획하기 시간에 가장 재미있게 읽은 책에 대해 이야기한다.

■ ○○○반에 있는 책 중에서 친구들에게 소개해 주고 싶은 책이 있나요?
■ 책의 제목은 무엇인가요?
■ 어떤 내용인가요? 어떤 부분이 재미있었나요?

○ 투표 종이를 소개하며 재미있게 읽은 책 투표를 할 것임을 이야기한다.

■ ○○와 ○○가 소개한 것처럼 각자 재미있게 읽은 책이 있을 거예요.
■ ○○○반 어린이들이 가장 재미있게 읽은 책이 어떤 것인지 함께 알아보려고 해요. 어떤 방법으로 알 수 있을까요?
■ (투표 종이를 보여 주며) 재미있게 읽은 책을 선택해서 이 종이에 제목을 적어 보세요.
■ 가장 위에는 자기의 이름을 적고 밑에 재미있게 읽은 책 제목을 적으세요. 제목이 잘 기억이 나지 않는 사람은 책을 보면서 적어도 좋아요.
■ 모두 다 적은 다음, 책 제목을 적은 종이를 보면서 ○○○반 어린이들이 어떤 책을 가장 재미있게 읽었는지 알아봅시다.

○ 방안놀이 시간에 유아들 각자 투표 종이에 재밌게 읽은 책의 제목을 쓴다.

○ 유아들과 함께 모여 앉아 투표 종이를 확인하며 그래프를 완성한다.

■ ○○○반 어린이들이 재미있게 읽은 책의 이름을 적은 종이를 모아 두었어요. 한 장씩 펼쳐 보면서 누가 어떤 책을 골랐는지 확인해 봅시다.
■ (그래프를 보면서) 이런 표를 그래프라고 불러요. 표의 가장 아래 칸에 책의 제목을 모두 적어 두었어요. 투표 종이를 보고 이 책을 재미있다고 한 사람의 이름을 위칸에 차례대로 적을 거예요.
■ 이제 투표 종이를 확인해 봅시다. **T IP**
■ △△는 ○○○○책을 골라 주었어요. 그래프에서 ○○○○책을 찾아봅시다. 이 책 제목이 적힌 칸 위에 △△의 이름을 적을게요. 만약에 또 이 책이 재미있

T IP 책의 종류가 너무 많을 경우 유아들이 그래프를 만들기 어려우므로 20권이 넘지 않도록 책의 종류를 미리 제한한다.

다고 적은 사람이 있으면 그 사람의 이름은 어디에 적으면 될까요?

· △△의 위칸에 적는다.

■ 투표 종이를 모두 확인했어요. 이제 그래프를 보면서 어떤 책이 몇 표를 얻었는
지 세어 봅시다.

■ ○○○○책은 모두 몇 표를 받았나요? ○○○○책은 △△ , ☆☆ , ◎◎ 이렇
게 세 표를 받았어요. 빈 칸에 '3' 이라고 적을 게요. 또 다른 책들도 살펴보자.

■ 가장 많은 표를 받은 책은 어떤 책인가요? 모두 몇 표를 받았나요?

■ 그 다음으로 많은 표를 받은 책은 어떤 책인가요? 모두 몇 표를 받았나요?

관련활동

■ 역할 놀이 영역 '도서관 놀이' (108쪽 참고)
■ 사회 '도서관 방문' (106쪽 참고)

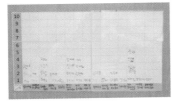

○ 월의 인기책 그래프

활동 16 책 제목 알아맞히기

지역사회

활동목표

- 학급에 있는 책에 관심을 갖고 즐겁게 읽는 태도를 갖는다.
- 주변의 친숙한 글자를 읽는 능력을 기른다.
- 글자를 구성하는 원리를 안다.

활동방법

○ 유아들이 즐겨 읽는 책의 겉표지 사진을 살펴보며 제목을 읽어 본다. **TIP 1**

- ○○○반 어린이들은 어떤 책을 좋아하나요?
- ○○○반 어린이들이 좋아하는 책들의 사진을 찍어 왔어요. 다 같이 책의 제목을 읽어 봅시다.

○ 게임방법을 소개한다.

- 이번에는 방금 본 책 제목의 글자 모두를 보여 주지 않고 일부분(자음)만 보여 줄 거예요. 같이 읽어 봅시다.
  - ㄷ(디귿), ㅅ(시옷), ㄱ(기역)
- 이 책 제목은 세 글자예요. 첫 번째 글자에는 'ㄷ'이 있고, 두 번째 글자에는 'ㅅ'이 있고, 세 번째 글자에는 'ㄱ'이 있어요. 이 책의 제목은 무엇일까요? **TIP 2**
  - '도서관'
- 이런 방법으로 책의 제목을 알아맞히는 게임을 할 거예요.
- 모둠별로 선생님이 제목의 자음만 보여 주면 어떤 책의 제목인지 의논해서 종이에 적으세요.
- 모둠별로 결정한 책 제목을 말하고 함께 정답을 확인하는 게임이에요.

○ 평가 방법을 소개한다.

- 책 제목을 맞힐 때마다 1점씩 줄 거예요. 게임이 모두 끝난 후 가장 많은 점수를 얻은 모둠이 이기는 게임이에요.

○ 유아들이 네 모둠으로 모여 앉는다. **TIP 3**

○ 연습 게임을 한다.

○ 게임을 하고 평가를 한다.

- 이 책 제목에 들어가는 자음은 ○, ○, ○이에요. 정답이라고 생각하는 책의 제목을 모둠별로 종이에 적어 보세요.

집단형태
대집단활동

활동유형
신체(게임)

활동자료
게임자료(PPT 자료), 빔프로젝터, 스크린, 모둠별 필기구 및 종이

활동대형
4~5 모둠으로 모여 앉기

TIP 1 게임에 사용하는 책은 이달의 인기 책으로 선정되었거나 대여횟수가 많은 책, 도서관 놀이 시 이용된 책 등 유아들에게 친숙한 책으로 한다.

TIP 2 유아들이 자음을 보고 책 제목을 연상하기 어려우므로 책의 겉표지나 내용 중 일부 그림을 같이 보여 준다. 여러 책들의 표지 사진을 같이 보여 주어 그중에서 골라 보게 하는 등 유아들의 수준에 따라 게임방법의 난이도를 조정한다.

TIP 3 유아들의 읽고 쓰기 수준을 고려하여 모둠 간 수준이 비슷하게 모둠을 구성한다.

게임방법 소개하기

모둠별로 모여 앉기

모둠별로 의논하기

■ 하나, 둘, 셋 하면 종이를 들어 보세요.

■ ○○편은 무엇이라고 적었나요?

■ 정답은 무엇일까요?

■ 이 책을 읽어 본 적이 있나요? 이 책을 재미있게 읽어 본 사람은 손들어 보세요.

■ 어떤 점이 재미있었나요?

■ 다음 문제를 낼게요.

관련활동

■ 수학 '이달의 인기 책' (113쪽 참고)

■ 역할 놀이 영역 '도서관 놀이' (108쪽 참고)

■ 사회 '도서관 방문' (106쪽 참고)

활동 17 인터넷으로 책 구입하기

활동목표

- 인터넷으로 물건을 구입해 본다.
- 바람직한 구매태도를 기른다.

활동방법

○ 구입할 필요가 있는 책에 대하여 이야기한다.

○ 인터넷으로 책을 구입한다.

- 컴퓨터를 켜서 인터넷에 접속해 봅시다.
- (인터넷 서점에 접속된 화면을 보며) 우리가 사고 싶은 책 이름을 적으면 원하는 책이 화면에 나와요.
- 원하는 책을 마우스로 누른 후, 몇 권을 살지 표시할 거예요.
- 그 다음 '주문하기' 버튼을 눌러요.
- 책 받을 주소를 적은 후, 계산을 하면 돼요.
- 책이 도착하기까지 얼마나 걸릴까요? 예상 도착 날짜를 함께 살펴보도록 해요.

○ 책이 도착하면 구입한 책을 확인한다.

- (주문한 책이 도착하면 책을 보면서) 우리가 주문한 책이 맞나요? 우리가 보고 싶었던 내용의 책인가요? 우리가 예상했던 도착 날짜에 맞게 왔나요?

○ 구입한 그림책을 언어 영역 책장에 비치한다.

관련활동

- 역할 놀이 영역 '도서관 놀이' (108쪽 참고)
- 이야기나누기 '도서관 방문' (106쪽 참고)

집단형태

대집단활동

활동유형

사회

활동자료

기록용구(화이트보드, 보드마카펜), 컴퓨터, 배송 받은 책, 영수증

배송 받은 책 꺼내 보기

배송 받은 책의 영수증 확인하기

집단형태

대집단활동

활동유형

동화

활동자료

그림책 '도서관 생쥐'(다니엘 커크 지음·그림. 신유선 옮김. 푸른날개)를 유아들과 함께 볼 수 있도록 제작한 것), 책을 만들 종이, 필기구

활동목표

- 책을 만드는 일에 관심을 갖는다.
- 책의 종류에 대해 안다.

활동방법

○ 동화를 들려준다.
- 도서관에 관한 동화를 들려줄게요.
○ 동화의 내용을 회상한다.
- 도서관에는 어떤 종류의 책이 있나요?
  • 자서전, 시집, 위인전 등이 있다.
- 도서관에는 이렇게 다양한 종류의 책들이 있어요. 책을 지은 사람을 부르는 말을 알고 있나요? 무엇이라고 부르나요?
  • 지은이, 작가
- 이 동화 속에서 작가들은 무엇에 대해 책을 쓴다고 했나요?
  • 자신이 잘 알고 있는 것에 대해 쓴다고 했다.
○ 자신만의 책을 만드는 일에 대해 이야기 나눈다.
- 이 동화 속의 생쥐처럼 ○○○반 어린이들도 모두 작가가 되어 책을 한 권씩 만들어 보려고 해요.
- 내가 잘 알고 있는 것이 무엇인지 생각해 보고, 그것에 대해 그림을 그리거나 글을 써서 책을 만들 거예요.
- ○○○반 어린이들은 무엇에 관한 책을 만들 것인가요?
  • 우리 집에서는 고양이를 키운다. 고양이 키우는 방법에 대한 책을 쓰고 싶다.
  • 나는 줄넘기를 잘 한다. 줄넘기를 잘 하는 방법에 대한 책을 쓰고 싶다.
- 동화 속에서처럼 조각종이를 사용해서 책을 만들어 봅시다. 글자를 쓰는 데 도움이 필요한 사람들은 이야기하세요. **T**IP
- 각자 자신의 책을 완성하였나요? 책의 표지에 자신의 이름을 적으세요.
○ 함께 모여 앉는 시간에 자신이 만든 책을 소개한다.

TIP 조형 영역의 조각종이를 활용해서 유아들과 함께 작은 책자를 완성한다.

관련활동

- 이야기나누기 '출판사' (119쪽 참고)
- 사회 '출판사 현장학습' (121쪽 참고)

활 동 19 출판사

활동목표

- 책이 만들어지는 과정에 관심을 갖는다.
- 출판사의 역할을 안다.
- 책을 만들어 주는 분들께 감사하는 마음을 갖는다.

활동방법

○ 출판사의 역할을 소개한다. **T**IP

- (언어 영역의 책을 보여 주며) 이 책을 읽어본 사람이 있나요? 어떤 이야기가 있나요?
- 누가 이 책을 지었을까요?
- 왜 이 책을 지었을까요?
- 이야기가 책으로 만들어지려면 어떤 일을 해야 할까요? 그 일은 누가할까요?
  - 사람들이 책을 읽을 수 있도록 책 만드는 일을 하는 곳을 '출판사' 라고 한다.

○ 책이 만들어지는 과정에 대하여 이야기를 나눈다.

- 책을 만들기 위해 제일 먼저 하는 일은 무엇일까요? 또 어떤 일을 할까요?
① 어떤 책을 만들지에 대하여 회의를 한다.
  - 책 만드는 회사에서 어떤 책을 만들지 이야기 나누고 작가에게 부탁한다.
  - 작가가 쓴 글을 책 만드는 회사에 가져오기도 한다.
② 책을 만들기로 결정되면 책에 실을 글과 그림을 완성한다.
③ 잘못되거나 틀린 이야기, 그림이 없는지 확인한다.
④ 책의 겉장에 어떤 글, 그림을 넣을지 계획하여 겉장을 만든다.
⑤ 책을 여러 권 인쇄하기 위해 글과 그림을 '필름' 으로 만든다.
⑥ 완성된 필름을 사용하여 인쇄한다.
  - 필름을 책 만드는 공장에 가져다준다.
  - 필름에 잉크를 묻혀 종이에 찍는다.
⑦ 인쇄한 종이를 책으로 묶는다.
  - 인쇄한 종이를 순서대로 모은다.
  - 순서대로 모았는지 확인하고 책장끼리 풀을 발라 붙인다.
  - 책 모양으로 자른다.
⑧ 완성된 책은 서점이나 책을 보관하는 곳으로 보낸다.

집단형태

대집단활동

활동유형

이야기나누기

활동자료

책이 만들어지는 과정을 담은 이야기 나누기 자료(PPT 자료), 컴퓨터, 빔프로젝터, 레이저포인터

이야기나누기 자료 예

TIP 본 활동은 그림책 대여 프로그램을 실시하던 중 유아들이 책이 만들어지는 과정에 대해 관심을 보여 실시한 활동이다.

- 여러 권의 책을 서점이나 책 보관하는 곳(물류센터)으로 보내기 위해 포장한다.
- 포장한 책을 서점이나 책 보관하는 곳(물류센터)으로 배달한다.
- 공장에서 만든 책이 서점에 도착하면 우리가 책을 살 수 있다.

○ 현장학습 일정 및 현장학습지에서 지켜야 할 약속에 대해 이야기를 나눈다.
- ○월 ○일에는 출판사로 현장학습을 갈 거예요. 출판사에서 무엇을 볼 수 있을까요?
  - 책이 만들어지는 모습을 직접 관찰할 것이다.
  - 궁금한 점이 있으면 공장에서 일하시는 분들께 여쭈어 볼 수 있다.
- 출판사(인쇄공장)에서 지켜야 할 약속에는 어떤 것들이 있을까요?
  - 공장에 있는 기계를 만지지 않는다.

관련활동
- 사회 '출판사 현장학습' (121쪽 참고)
- 동화 '책 만들기' (118쪽 참고)

활 동 20 출판사 현장학습

- 책이 만들어지는 과정에 관심을 갖는다.
- 출판사의 역할을 안다.
- 책을 만들어주는 분들께 감사하는 마음을 갖는다.

집단형태

대집단활동

활동유형

사회

활동자료

출판사에 대해 유아들의 궁금한 점을 기록한 것, 사진기

출판사 직원께 궁금한 점 여쭈어 보고 설명 듣기

활동방법

| 출판사 현장학습 계획하기 |

○ 현장학습 일정을 소개한다.

- 오늘은 출판사로 현장학습을 갈 거예요. 출판사에서 무엇을 볼 수 있을까요?
  - 책이 어떻게 만들어지는지 볼 수 있다.
  - 출판사에서 일하시는 분께 궁금한 점을 여쭈어 볼 것이다.
- 출판사에서 어떤 약속을 지켜야 할까요?
  - 안전하게 다닐 수 있는 길을 표시한 안전선 밖으로 나가지 않는다.
  - 기계를 만지지 않는다.

○ 출판사로 현장학습을 간다.

| 출판사 현장학습 |

○ 출판사 직원으로부터 출판사에서 하는 일에 대한 설명을 듣고 궁금한 점을 질문한다.

- 출판사에서 일하시는 분들께 인사를 드리도록 해요.
- 우리가 출판사에 온 이유를 말씀드립시다.
  - 출판사에서 하는 일을 알아보러 왔어요.
- 출판사에 대해 궁금한 점을 미리 이야기 나누었지요? 지금 여쭈어 봅시다. **Ⓣ IP**
- 출판사에서는 무슨 일을 하나요?
  - 종이에 책의 내용을 인쇄하고 인쇄한 종이를 모아 책의 모양대로 만든다.
  - 출판사에서 만든 책을 각 지역의 물류센터, 서점에 배달한다.
- 책을 만들 때 필요한 종이는 어떻게 만드나요? 종이 몇 장까지 한 권의 책으로 만들 수 있나요?
  - 종이는 나무, 돌가루, 화학약품을 섞어서 만든다. 책을 만들 때에는 종이가 많이 필요하기 때문에 종이를 돌돌 말아 두루마리 화장지처럼 만들고 기계에

Ⓣ IP 사전에 유아들과 궁금한 점에 대해 이야기 나누어 질문 목록을 준비한다. 출판사에서 질문에 대한 답을 준비할 수 있도록 질문 목록을 미리 전달한다.

출판사에서 하는 일 살펴보기

걸어 사용한다.
- 최대 4000쪽까지 제본할 수 있다.
- 책을 만드는 데 몇 명이 필요한가요?
  - 작가, 편집 작업하는 사람, 인쇄하는 사람, 제본하는 사람 등을 다 합하면 약 70명 정도가 함께 책을 만든다.
- 향기 나는 책은 어떻게 만드나요?
  - 색소나 향기가 나는 물질을 잉크에 넣어 인쇄하면 책에서 향기가 난다.
○ 출판사 물류센터를 둘러보며 책이 만들어지는 과정을 관찰한다.
- 책이 만들어지는 모습을 살펴봅시다.
  - 인쇄과정 살펴보기(예: 기계에 염료 넣기, 책표지 인쇄하기, 속지 인쇄하기 등)
  - 제본과정 살펴보기(예: 인쇄된 종이 차례대로 모으기, 검사하기, 종이끼리 붙이기, 건조하기, 규격 크기로 자르기 등)
  - 포장과정 살펴보기

| 출판사 현장 학습 회상하기 |

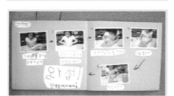

출판사 현장학습 후 유아들이 만든 책

○ 출판사에 다녀온 후 유아들과 현장학습 내용을 회상한다.
- 출판사에서 어떤 것을 보았나요?
- 책이 어떻게 만들어지나요?
- 만약 출판사가 없으면 어떻게 될까요?
  - 이 세상에 책이 많지 않을 것이다.
  - 사람들이 책을 많이 보지 못할 것이다.
- 출판사에서 일하시는 분들께 어떤 마음이 드나요?
  - 우리에게 필요한 책이 무엇인지 생각해서 좋은 책을 만들어 주신다.
  - 우리가 사고 싶은 책을 쉽게 살 수 있도록 같은 책을 여러 권 만들어 주신다.
  - 좋은 책을 만들어 주시는 분들께 감사한 마음을 갖는다.
○ 출판사 현장학습에서 기억에 남는 일을 그림으로 그려 전시한다.
- 출판사에 가서 본 것 중에서 가장 기억에 남는 일을 그림으로 그려 볼 거예요. 그림을 다 그린 후에 무엇에 관한 그림인지 설명을 하면 선생님이 이야기를 받아 적어 줄 거예요.

확장활동

- 출판사 현장학습을 다녀온 후에 유아들이 책의 제작 과정에 대해 알게 된 점을 글로 적고 그림으로 그려서 책으로 만들어 본다.

유의점

- 유아들과 현장학습을 다녀오기 전에 교사들이 미리 출판사를 방문하여 현장학습 시간, 유아들의 동선, 안전에 관련한 사항 등에 대해 살펴보고 출판사 관계자

와 현장학습 일정을 협의한다.

관련활동

- 이야기나누기 '출판사' (119쪽 참고)
- 동화 '책 만들기' (118쪽 참고)
- 사회 '도서관 방문' (106쪽 참고)
- 역할 놀이 영역 '도서관 놀이' (108쪽 참고)

지역사회

활동 21 숭례문

집단형태

대집단활동

활동유형

이야기나누기

활동자료

이야기나누기자료(PPT), 빔 프로젝터, 스크린, 컴퓨터

'숭례문' 이야기 나누기 자료의 예

TIP 본 활동은 2008년 2월 숭례문 방화 사건으로 유아들이 숭례문에 대해 관심을 갖기 시작하면서 실시한 활동이다. 본 활동은 지역사회 생활주제에서 옛 서울의 모습을 살펴보거나 우리나라 생활주제에서 문화재에 대해 알아볼 때 실시해도 좋다.

활동목표

- 숭례문의 유래와 특징을 안다.
- 숭례문을 복원하는 일에 관심을 갖는다.
- 우리나라 문화재에 관심을 갖고 소중히 여긴다.

활동방법

○ 숭례문의 유래에 대하여 이야기를 나눈다. **TIP**

- 우리나라 조선시대에는 수도인 서울을 '한양' 이라고 했어요. 한양으로 들어가는 곳곳에는 4개의 큰 문이 있어요. 그중 남쪽에 있었던 문을 '숭례문' 또는 '남대문' 이라고 불렀어요. '숭례문' 은 조선시대에 한양으로 들어가는 가장 큰 문이었어요.
- '숭례문' 이라는 이름에는 예의, 예절을 지키자는 뜻이 담겨 있어요.
- 숭례문은 언제 지어졌나요?
  - 지금으로부터 약 600년 전, 조선을 처음 세운 왕이 나라를 다스릴 때 지어졌다.
  - 서울에 나무로 만들어진 것 중에서 가장 오래 되었다.
- 왜 숭례문을 지었을까요?
  - 서울(한양)을 지키기 위해서 만들었다.
  - 서울(한양) 밑에 있는 관악산의 나쁜 기운을 없애기 위해 만들었다.

○ 사진을 보며 숭례문의 구조와 특징에 대하여 이야기를 나눈다.

- 숭례문의 생김새를 살펴봅시다.
  - 2층 건물이며, 나무와 돌로 만들어졌다.
  - 현판: 한자로 '숭례문' 이라고 쓰여 있으며, 2층 지붕 아래에 걸려 있다.
  - 홍예문: 숭례문 가운데에 있는 무지개 모양의 문이다.
  - 벽화: 홍예문 천정에 두 마리의 용이 그려져 있다.
- 처음 숭례문의 모습이 어떻게 변했나요? 왜 숭례문의 모습이 변했을까요?
  - 숭례문을 더욱 튼튼하고, 멋지게 만들기 위해 여러 번 공사를 하였다.
  - 일본이 우리나라를 침입했을 때 일본 사람들이 숭례문 옆의 성곽을 허물었다.
  - 우리나라를 되찾은 후 숭례문 주변을 광장으로 만들고, 모든 사람들이 드나들 수 있도록 하였다.

○ 숭례문 화재사건에 대하여 이야기를 나눈다.

  ■ 숭례문에 어떤 불행한 일이 일어났었는지 알고 있는 사람 있나요?

  ■ 숭례문이 어떻게 되었나요?

    • 나무로 만들어진 부분이 불에 타서 무너져 내렸다.

  ■ 불에 탄 숭례문을 보니 어떤 마음이 드나요?

    • 속상하다.

    • 숭례문에게 미안하다.

    • 숭례문을 만드신 조상님께 죄송하다.

  ■ 앞으로 다시는 이런 일이 생기지 않게 하려면 어떻게 해야 할까요?

    • 우리나라의 소중한 보물들을 잘 지켜야 한다.

    • 우리나라의 중요한 재산이므로 아끼고 보호해야 한다.

○ 숭례문 복원에 대하여 이야기한다.

  ■ 숭례문은 대한민국의 소중한 보물이기 때문에 다시 짓기로 하고 공사를 하고 있어요.

  ■ 숭례문이 잘 지어지기 위해 우리가 할 수 있는 일은 무엇일까요?

    • 복원 공사 소식에 관심을 갖고, 공사가 잘 진행될 수 있도록 기도한다.

  ■ 숭례문이 다시 지어지는 모습이 담긴 사진이나 신문기사가 있으면 가지고 와서 함께 보도록 해요.

관련활동

  ■ 이야기나누기 '서울의 사대문' (128쪽 참고)

  ■ 쌓기 놀이 영역 '숭례문 만들기' (126쪽 참고)

  ■ 역할 놀이 영역 '문지기 놀이' (131쪽 참고)

지역사회

숭례문에 대해 조사한 자료

· 사랑해 줘야 해요.
· 발로 차거나 돌을 던지면 안 돼요.
· 쓰레기를 버리면 안 돼요.
· 담배를 피우고 담배꽁초를 버리면 안 돼요.
· 문 안에서 고기를 구워 먹으면 안 돼요.
· 왜냐하면 내 것이 아니기 때문이에요.
· 앞으로 태어날 사람들에게 잘 전해 줘야 해요.
  그렇지 않으면 피해를 주는 거예요.
· 남대문이 불에 타서 무너졌으니까, 다른 문은 무
  너지지 않도록 지켜야 해요.
· 매일 사랑하는 마음을 가져야 해요.
· 숭례문을 다시 지으면 부수지 않고 사랑하면 좋
  겠어요.

숭례문에 대한 유아들의 생각

활동 22 숭례문 만들기

집단형태

실내자유선택활동

활동유형

쌓기 놀이 영역

활동자료

종이벽돌 블록, 기왓장을 만
들 사포종이, 크레파스, 기왓
장을 붙일 두꺼운 종이(종이
박스 자른 것), 유아들이 만
든 단청작품 코팅한 것

활동목표

■ 숭례문은 우리나라를 대표하는 소중한 문화재임을 안다.

■ 우리나라 문화재에 관심을 갖고 소중히 여긴다.

■ 다른 사람과 협력하는 태도를 기른다.

활동방법

| 숭례문 만들기 놀이 계획하기 |

○ 유아들이 숭례문에 대해 이야기 나눈 내용을 회상하고 숭례문을 만드는 방법에
  대해 의논한다.

■ 숭례문에 대해 회상해 봅시다.

• 옛 서울(한양)에는 성곽이 둘러져 있었다. 성곽에는 4개의 큰 문(4대문)과 4
  개의 작은 문(4소문)이 있었는데 이 중 정문이자 남쪽에 있는 큰 문이 남대문
  (숭례문)이다.

• 서울의 남쪽에 있다.

■ 쌓기 놀이 영역에 숭례문을 만들어 봅시다.

■ 숭례문을 ○○○반에 있는 놀잇감 중에서 무엇으로 어떻게 만들 수 있을까요?

• 종이벽돌 블록으로 숭례문의 기둥을 만든다.

• 검은색 종이나 상자로 기왓장을 만든다.

• 기와 끝 부분에 단청 그림을 그리고 붙인다.

• 현판을 만들어 붙인다.

• 숭례문 주변에 성곽을 만든다.

■ 숭례문을 어디에 짓는 것이 좋을까요?

• 다른 놀이를 하는 유아들에게 방해가 되지 않고, ○○○반 어린이들이 모여
  앉을 때 불편하지 않도록 ○○에 짓는다. **TIP 1**

■ 숭례문을 만들기 위해 어떤 것들이 필요할까요?

• 종이벽돌 블록, 기왓장을 만든 사포 종이, 크레파스, 기왓장을 붙일 두꺼운 종
  이(종이 박스 자른 것), 유아들이 만든 단청작품

TIP 1 2~3주간 계속 구성물
을 완성하고 놀이할 수 있도록 교
실 한 영역을 마련해 준다.

TIP 2 휘어지는 나무판자나
두꺼운 종이를 준비해 주면 홍예
문을 크게 만들 수 있고 그 사이로
유아들이 지나다닐 수 있다.

| 숭례문 만들기 및 놀이 평가하기 |

◯ 역할을 정하여 방안놀이 시간에 숭례문을 만들고 놀이를 한다.

◯ 놀이평가 시간 지금까지 숭례문을 만든 경과와 앞으로 더 만들어야 할 것 등에 대해 의논한다.

  ■ 숭례문의 어느 부분을 만들었나요? 어떻게 만들었나요? 숭례문을 만들 때 다른 친구들이 알아야 할 점이 있나요?

  ■ 앞으로 무엇을 더 만들어야 하나요?

◯ 숭례문을 만들면서 개선해야 할 점에 대해 이야기 나눈다.

  ■ 숭례문을 만들면서 불편한 점은 없었나요?

    • 숭례문 아래 홍예문은 반원 모양이어서 종이벽돌 블록으로 만들기 어렵다. 반원 모양의 유니트 블록을 사용하여 만든다. 🅣IP 2

    • 홍예문 기둥을 종이벽돌 블록으로 만들었는데, 블록들이 서로 떨어져 있어서 잘못 건드리면 모두 무너진다. 테이프로 블록들을 붙여 단단하게 고정한 후 세운다.

    • 기와 끝 부분에 붙인 단청무늬 종이가 얇아서 쉽게 구겨지고 찢어진다. 코팅을 하거나, 두꺼운 종이에 그림을 붙인다.

  ■ 숭례문을 만들기 위해 더 필요한 것이 있나요?

    • 숭례문 현판에 적힌 한자를 어떻게 적어야 하는지 모른다. 현판에 적힌 한자를 찾아 따라 적어본다.

◯ 놀이 평가를 바탕으로 방안놀이 시간에 숭례문을 완성하여 놀이한다.

관련활동

  ■ 이야기나누기 '서울의 사대문' (128쪽 참고)

  ■ 이야기나누기 '숭례문' (124쪽 참고)

  ■ 역할 놀이 영역 '문지기 놀이' (131쪽 참고)

지역사회

기둥 만들기

지붕 얹기

성곽 쌓기

완성한 숭례문

활동 23 서울의 사대문

집단형태

대집단활동

활동유형

이야기나누기

활동자료

이야기나누기 자료(PPT), 빔 프로젝터, 스크린, 컴퓨터

어떤 점이 다를까요?

홍인지문 숭례문

현판

興仁 之 門

지 흥

문 인

'서울의 사대문' 이야기나누기 자료

🇹IP 본 활동은 숭례문에 대해 이야기나누기를 한 후에 유아들이 숭례문을 비롯한 서울의 사대문에 대해 관심을 보일 때 실시한다. 숭례문과 다른 문들의 같은 점과 다른 점을 비교하면서 활동을 전개한다.

활동목표

■ 사대문의 의미와 특징을 안다.

■ 우리나라 문화재에 관심을 갖고 소중히 여긴다.

활동방법

○ 사대문에 대해 소개한다. 🇹IP

■ 우리나라 조선시대에 서울(한양)을 둘러싼 네 개의 큰 문이 있었어요.

■ 네 개의 큰 문을 '사대문' 이라고 말해요. 한자로 '사' 는 '넷' 이라는 뜻이고 '대' 는 '크다.' 라는 뜻이에요.

■ 사대문 안에는 무엇이 있나요?

• 왕이 살고 있는 궁궐

• 사람들의 집

■ 왜 문을 만들었을까요?

• 성 안에 살고 있는 사람들을 보호하기 위해 서울을 성벽으로 둘러싸고 사람들이 드나들 수 있는 문을 만들었다.

• 밤 10시부터 새벽 4시까지는 문을 닫아서 성 안의 사람들이 안전하게 지낼 수 있도록 하였다.

○ 사대문의 의미와 특징에 대해 이야기한다.

① 흥인지문(동대문)

■ 서울(한양)을 둘러싼 네 개의 큰 문 중 동쪽에 있는 문의 이름은 동대문이에요. 사대문들은 사람들의 소원(뜻)을 담은 이름을 하나씩 더 가지고 있는데 동대문의 다른 이름은 흥인지문이에요.

■ '흥인지문' 이라는 이름에는 어떤 뜻이 담겨 있는지 살펴봅시다.

• '어질다' (인, 仁)는 뜻

• '어질다' 라는 것은 마음이 착하고 너그럽다는 뜻이다.

■ 흥인지문의 성곽이 어떤 모양인가요?

• 둥그런 모양, 항아리 모양

• 항아리 모양과 비슷해서 '옹성' 이라고 한다.

■ '옹' 은 항아리라는 뜻이에요.

■ 왜 옹성을 만들었을까요?
  • 흥인지문이 있는 땅은 다른 곳보다 낮다. 그래서 적군이 위에서 쉽게 흥인지
    문 안쪽을 보거나 들어오는 것을 막기 위해 옹성을 만들었다.
■ 흥인지문은 누가, 언제 만들었는지 알려줄게요.
  • 조선을 처음 세운 왕(태조)이 한양을 만들 때 흥인지문도 함께 만들었다.
  • 숭례문을 만든 다음 해에 만들었다.
■ 흥인지문과 숭례문의 모습을 봅시다. 같은 점은 무엇인가요?
  • 홍예문이 있으며, 홍예문 천정에 용 그림이 있다.
  • 2층으로 되어 있다.
  • 현판이 있으며, 한자로 문의 이름이 적혀 있다.
■ 숭례문과 다른 점은 무엇인가요?
  • 현판 글자의 정렬 방향: 숭례문은 세로로 적혀 있고, 흥인지문은 가로, 두 줄
    로 적혀 있다.
  • 현판 글자 주변의 단청의 모양이 다르다.
  • 흥인지문에는 옹성이 있다.

② 숙정문(북대문)
  ■ 서울(한양)의 북쪽에 있는 문 이름은 북대문이에요. 숙정문이라고도 해요.
  ■ '숙정문'이라는 이름에는 어떤 뜻이 담겨 있는지 살펴봅시다.
    • 북쪽 지역을 잘 지켜서 성안에 살고 있는 사람이 평안하게 살 수 있도록 한다.
  ■ 숙정문은 다른 문과 달리 험한 산 속에 있어서 숙정문을 지나다니는 사람이 거의
    없었어요. 그래서 문을 항상 닫아 놓았어요.

③ 돈의문(서대문)
  ■ 서대문은 서울(한양)의 어느 쪽에 있었을까요?
    • 서쪽
  ■ 서대문은 '돈의문'이라고 했어요. 그런데 서대문은 지금은 볼 수 없어요.
    • 일본이 우리나라를 다스리던 시절에 일본사람들이 전차가 다니는 길을 만들
      기 위해 없앴다.
○ 돈의문 복원공사에 대한 신문기사를 보며 문화재를 보호하는 방법에 대해 이야기
  를 나눈다.
  ■ 선생님이 읽어 주는 신문기사를 들어 봅시다. 어떤 이야기가 있었나요?
    • 돈의문을 다시 만드는 공사를 준비하는 과정에서 돈의문의 현판이 발견되었다.
    • 2013년에는 돈의문이 원래 자리에 다시 만들어질 것이다.
  ■ 돈의문과 숭례문을 다시 만드는 공사가 끝나면 조선시대에 있었던 네 개의 문
    이 모두 원래 자리에 있게 되어요.
  ■ 우리나라의 소중한 보물인 네 개의 문을 잘 보호하려면 어떻게 해야 할까요?

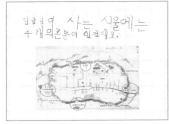

사대문에 대해 조사한 자료

• 복원 공사 소식에 관심을 갖고, 공사가 잘 진행될 수 있도록 기도한다.

• 우리나라의 보물인 네 개의 문을 아끼고 자랑스럽게 생각한다.

유의점

■ 유아들이 각각의 문의 특징을 정확하게 아는 것보다는 사대문의 아름다움을 느끼고 우리 문화유산을 소중히 여기는 태도를 기르는 데 중점을 두어 지도한다.

■ 사대문 소개 시 유아들의 참여도와 반응에 따라 2~3회로 나누어 실시한다.

관련활동

■ 이야기나누기 '숭례문' (124쪽 참고)

■ 쌓기 놀이 영역 '숭례문 만들기' (126쪽 참고)

■ 역할 놀이 영역 '문지기 놀이' (131쪽 참고)

활동
24 문지기 놀이

활동목표

- 문지기의 역할에 대해 안다.
- 우리나라 문화재에 관심을 갖고 소중히 여긴다.

활동방법

○ 유아들이 숭례문 놀이를 하면서 숭례문을 지키는 문지기에 대해 관심을 보일 경우 문지기의 역할에 대해 이야기 나눈다.

- 홍례문 앞에는 누가 있나요?
  - 병사들이 있다.
- 병사들이 문 앞에서 무엇을 하는 것일까요?
  - 문을 지키고 있다.
  - 밤이 되면 사대문을 모두 닫고, 아침이 되어 문을 열라는 종소리가 들리면 문을 열었다. 낮에는 나쁜 사람들이 들어오지 못하게 하고, 밤에는 사람들이 드나들지 못하도록 했다. 이러한 일을 하는 병사들을 '문지기'라고 부른다. 문지기들 중 대장 문지기를 '수문장'이라 한다.

○ 문지기의 사진을 보며 문을 지키는 방법에 대해 이야기한다.

- 문지기들은 어떤 옷을 입고 있나요?
- 어떤 모습으로 문을 지키고 있나요?

○ 수문장 교대에 대해 이야기 나눈다.

- 문지기들이 하루 종일 문을 지키면 어떠했을까요?
  - 다리가 아팠을 것이다.
  - 움직이지 않고 가만히 있기 힘들었을 것이다.
- 그래서 여러 명의 수문장과 문지기들이 시간을 나누어 문을 지켰다고 해요. 이를 '수문장 교대'라고 해요. 여기서 '교대'라는 말은 서로 하던 일을 바꾸어 하는 것을 뜻해요.

○ 수문장 교대의식 동영상(사진, 그림)을 감상한다.

○ 문지기 놀이를 하기 위해 필요한 소품(예: 열쇠, 보관함, 수문장 패, 깃발 등)을 정하고 만든다. **T**IP 1

○ 준비한 소품을 사용하여 놀이를 한다.

집단형태

실내자유선택활동

활동유형

역할 놀이 영역

활동자료

수문장 교대의식 시청각 자료 **T**IP 1 , 컴퓨터, 스크린, 빔프로젝터, 놀이에 필요한 소품들(예: 유아들이 입을 만한 부직포, 긴 막대, 종이와 필기류, 우리나라 전통악기 등)

TIP 1 '고도 서울의 정례역사 재현 행사' 사이트인 http://www.royalguard.or.kr을 방문하면 왕궁 수문장 교대의식에 관한 다양한 정보(예: 교대의식 구성원, 절차, 의복 및 소품 등)와 관련 사진 및 그림자료를 제공받을 수 있다.

수문장 교대의식 동영상 감상하기

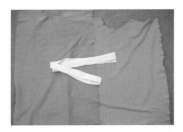

TIP 2 일회용 접시와 털실, 구멍 뚫린 구슬을 활용하여 모자를 만들 수 있으며, 부직포를 활용하여 옷을 만들 수 있다.

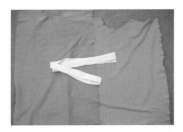

옷

모자

깃발

○ 놀이 평가 시간을 통해 문지기 놀이에 대하여 평가한다.

■ 놀이를 실감나게 하려면 어떻게 할 수 있을까요?

• 문지기와 비슷한 옷을 만들어 입고, 모자도 만들어 쓴다. TIP 2

• 문지기들이 행진을 할 때 북, 소고와 같은 악기로 음악을 연주한다.

• 행진을 할 때, 줄에 맞춰 서서 북 소리에 맞춰 씩씩하게 행진한다.

• 깃발(주작, 청룡, 백호, 현무)을 들고 행진한다.

• 수문장패와 열쇠, 보관함을 만든다.

○ 평가사항을 반영하여 놀이를 한다.

문지기 놀이하기

관련활동

■ 쌓기 놀이 영역 '숭례문 만들기' (126쪽 참고)

■ 이야기나누기 '숭례문' (124쪽 참고)

■ 이야기나누기 '서울의 사대문' (128쪽 참고)

부록

1. 주간교육계획안

만 5세 ○○○ 반 주간교육계획안 20○○학년도 ○월 ○주	생활주제	동네와 지역사회	주제	내 동네 / 유치원 동네 / 지역사회

목표 내가 살고 있는 동네의 이름을 안다. / 우리 동네에서 볼 수 있는 다양한 지역사회 기관의 명칭과 기능을 안다. / 유치원 동네에 관심을 갖는다.

활동 \ 요일/실제	월(○일)	화(○일)	수(○일)	목(○일)	금(○일)	평가
자유선택활동 쌓기 놀이 영역	•유니트 블록으로 우리 동네 구성하기	•종이벽돌 블록, 자석 블록으로 유치원 동네 구성하기	→			
역할 놀이 영역	•꽃가게 놀이하기(꽃 가꾸기, 꽃 전시하여 판매하기, 손님이 주문한 꽃 포장하여 배달하기)					
언어 영역	•'지역사회' 생활주제 관련 그림책 읽기	•'지역사회' 관련 그림책 읽기	•'지역사회' 생활주제 관련 조사교구, 그림 맞추기	•'버스를 타고', '기차ㄱㄴㄷ', '또도요 사과나무' 문장 블록으로 이야기 구성하기		
수학·조작 영역	•라이트 박스에 단정모양 만들기 •○○○ 반에서 키우는 동물 관찰하기	•단정 무늬에 색칠하기	•동네 이름 그래프 관찰하기, 그림 맞추기 •유아들이 만든 내 동네·유치원 동네 퍼즐 맞추기	•○○○반 어린이 이름 보고 컴퓨터로 이름 치기		
과학 영역		•내가 사는 동네 지도 만들기				
조형 영역	•단정 무늬에 색칠하기					
음률 영역	•배운 노래 부르며 리듬악기 연주하기	•여러 가지 타악기 연주하기	•재활용품으로 만든 악기(마라카스, 북 등) 연주하기	•유치원 동네 꾸미기		
실외 영역	•담: 종합놀이터, 모래놀이터, 대근육 활동 기구에서 놀이하기 / 도기 관찰하기 / 유치원 마당의 꽃 관찰하기 / 소금놀이방에서 놀이하기 / 죽구하기, 자전거 타기					
대·소집단활동 이야기나누기	•내가 사는 동네	•우리 동네를 보여 주는 홈페이지	•유치원 동네	•예배 •이화여자대학교 지도 보고 야 외학습 다녀오기	•도시·농촌·산촌·어촌 •서로 돕는 우리 동네	
동화·동극·동시	•작은 집 이야기(동화)					
음악		•우리 동네(새노래)		•그린 집 보았네(새노래)	•예쁜 아기 곰(새노래)	
율동						
신체	•지구력 기르기 Ⅰ (체육, 1집단)	•지구력 기르기 Ⅰ (체육, 2집단)				
수학	•동네 이름 맞추기	•동네 이름 그래프 살펴보기	•동네 한 바퀴			
과학	•마을 만들기(요리)					
사회					•상추 수확하기	
바깥놀이			•이동장치 탑승 안전	•질서 지켜 이동하기		
간식	•미싱, 우유	•젤리눈, 일로에주스	•바람떡, 우유	•우수수빵, 우유	•아채죽, 수박	
급식	•붙이현미밥, 무나사믹믹된국, 돈사 태떡찜, 호박나물 검치/깍두기	•잡곡밥, 오징어순두부제개, 계살감 고기케참조림, 깻잎나물 열무김치	•카레덮밥, 감자국, 배추김장절임 깍두기	•잡곡밥, 쇠고기미역국, 달콩고기, 감자샐러드, 김치	•검은콩밥, 아욱국, 쇠고기볼기, 시 금치나물 상추(쌈무·쌈장), 김치	
전이·주의집중	•배운 노래 부르기		•여러 종류의 집 사진 이름 맞추기	•리듬 따라 손백, 무릎치기	•선생님처럼 해 보요	
귀가지도	•실내화 가지런히 정리하기 •일찍 자고 일찍 일어나기	•귀가 후 안전한 장소에서 놀이 하기 •그림책 가방 가지고 오기	•이동장치 안전하게 탐승하기 •내일은 야외학습 갈 것이므로 편안한 복장으로 오기	•집 주변에서 볼 수 있는 기관 알아오기 •귀가 후 손과 발 깨끗이 하기	•주말 건강하게 지내고 오기 •실내화, 칫솔 깨끗하게 세척해 오기	
급식조력부모	•○○○, ○○○	•○○○, ○○○	•○○○, ○○○	•○○○, ○○○	•○○○, ○○○	

비고	※그림책 반납 및 대출	※야외학습(이화여대 운동장) ※예배

총평

목표: 우리 동네에서 볼 수 있는 다양한 지역사회 기관의 명칭과 기능을 안다. / 우리 생활에 도움을 주는 각 기관 종사자에게 감사하는 마음을 갖는다. / 유치원이 속한 지역사회의 특징을 안다.

활동	요일/날짜	월(○일)	화(○일)	수(○일)	목(○일)	금(○일)	평가
자유선택활동	쌓기 놀이 영역	• 유니트 블록으로 내 동네 구성하기	• 종이벽돌 블록, 자석 블록으로 유치원 구성하기				
	역할 놀이 영역	• 우체국 놀이하기(우체국 만들기, 형식을 갖추어 편지작성한 후 우체통에 넣기, ○○○반 어린이들이 ○○○반 어린이들이 쓴 편지 배달하기)					
	언어 영역	• '지역사회' 생활주제 관련 그림책 읽기 • '지역사회' 관련 그림사전 만들기 • '버스를 타고', '기차ㄴㄴ', '또또와 사과나무' 문장 블록으로 이야기 구성하기					
	수학·조작 영역	• '지역사회' 생활주제 관련 조작교구, 그림 맞추기 • 동네 이름 그래프 만들기 • 편지 왔어요 그룹게임하기					
	과학 영역	• ○○○반에서 키우는 동물 관찰하기 • '○○○반 어린이들이 실고 있는 동네 이름' 보고 컴퓨터로 이름 찾기 • 내가 사는 동네, 유치원 동네 지도 관찰하기					
	조형 영역	• 주름동안 즐거웠던 일 그리기 • 딱지 그림 그리기	• 동구 소품 만들기		• 아령당에서 본 것 그리기		
	음률 영역	• 배운 노래 부르며 리듬악기 연주하기	• 스카프, 리본막대 사용하여 노래 부르기	• '퐁퐁놀이' 음악 감상하기			
	실외 영역	• 마당: 종합놀이터, 모래놀이 / 텃밭 활동 놀이하기, 대근육활동 기구에서 놀이하기 / 동기 관찰하기 / 축구·자전거·팽재기·고리 던지기 놀이하기					
대·소집단활동	이야기나누기	• 민화로 보는 옛날 동네의 모습	• 편지가 도착하기까지 • 동네 계획	• 매실에 담그는 방법 • 역할놀이(우체국 놀이) 평가 • 동극 준비(소)	• 아령당에서 볼 수 있는 것 • 예배 • 동극 준비(소)	• 현장학습 '아령당' • 현장학습에서 조사해 온 것들 • 동극 준비(소)	
	동화·동극·동시		• 바람 부는 날(동화)			• 바람 부는 날(동극) • 그런 집 보았니, 우리 동네	
	음악	• 퐁퐁놀이(음악 감상)		• 가게 놀이(새노래)			
	율동						
	신체		• 지도 보고 물건 찾아오기(게임)	• 지구력 기르기 II (체육, 1집단)	• 지구력 기르기 II (체육, 2집단)		
	수학						
	과학				• 매실 담그기		
	사회			• 친구와 협력하며 놀이하기			
	바깥놀이	• 소방안전훈련	• 팔 벌려 뛰기	• 방석빼기	• 운동장 두 바퀴 달리기	• 공공장소에서 지켜야 할 약속 지키기	
	간식	• 순쌀모닝빵, 우유	• 양송이스프, 현미빵튀기	• 방식빵, 우유	• 삶은 달걀, 수박	• 증편, 우유	
	급식	• 보리밥, 두부콩나물국, 고등어조림, 가지나물을 열무김치/김무이	• 잡곡밥, 시금치된장국, 닭안심고구마조림, 콩나물무침, 김치	• 오곡밥, 시금치된장국, 돼지고기부추볶음, 고사리나물, 상추(닛파수육), 쌈장, 각두기	• 강낭콩밥, 쇠고기무국, 어묵볶음, 세송이버섯조림, 김치/김 구이	• 흑미밥, 만둣국, 해물굴소스볶음, 마늘종간장조림, 오이깍두기	
전이·주의집중		• 소리 듣고 악기 알아맞추기	• 우표 자리 바꾸기	• 지역사회 기관명 맞추기	• 여러 가지 모양 자리 바꾸기	• 동구 등장인물 수수께끼	
귀가지도		• 실내화 가지런히 정리하기 • 아침 식사 하고 등원하기	• 유치원 대문까지 바르게 이동하기 • 그림책 가방 가지고 오기	• 그림책 가방 가지고 가기 • 일찍 자고 일찍 일어나기	• 내일은 이화어린이학교 이령당으로 현장학습을 갈 것임	• 주말 건강하게 지내고 오기 • 실내화, 칫솔 깨끗하게 세척해 오기	
급식조리식무		• ○○○,○○○	• ○○○,○○○	• ○○○,○○○	• ○○○,○○○	• ○○○,○○○	
비고		※소방안전훈련		※그림책 반납 및 대출	※	※예배 ※현장학습(이화어대 이령당)	
총평							

2. 일일교육계획안

				담임	원감	원장

학급명	○○○반 (만 5세)		날짜	20○○년 ○월 ○일 ○요일	수업일수	○○ / ○○○ 일
생활주제	동네와 지역사회		주 제	우리 동네 / 유치원 동네 / 지역사회	소주제	우리 동네의 이름 알기 / 유치원 동네에 관심가지기 / 우리 동네의 다양한 기관 종류 및 기능 알기
목 표	내가 살고 있는 지역사회의 다양한 기관의 명칭과 기능을 안다. / 우리 생활을 편리하게 하기 위해 일하시는 분들이 있음을 알고, 감사하는 마음을 갖는다. / 유치원 동네에서 볼 수 있는 것에 관심을 갖는다.					
일일 시간표	9:00~ 등원 및 실내자유선택활동 9:10~ 계획하기 9:20~ 실내자유선택활동 10:10~ 간식 '순쌀모니빵, 우유' 10:30~ 이야기나누기 '편지가 도착하기까지' 10:50~ 실내자유선택활동 11:30~ 정리정돈 및 놀이평가 11:40~ 이야기나누기 '이화어린이화교 박물관에서 볼 수 있는 것들' 12:00~ 점심식사 13:00~ 동화 '바람 부는 날' 및 이야기나누기 '동극 계획' 13:25~ 실내자유선택활동 13:50~ 평가 및 귀가지도					

시간 / 활동명	활동 목표	활동 내용	준비물 및 유의점	평 가
9:00~ 등원 및 실내자유선택활동	• 유치원에는 여러 사람이 함께 사용하는 교구가 있음을 안다. • 등원하여 해야 할 일을 알고, 스스로 한다.	• 등원 및 인사나누기 - 간식 먹은 후 하고 싶은 놀이 선택판에 표시하기 - 놀이계획표에 하고 싶은 놀이 선택하여 표시하기 • 언어 영역, 수학 · 조작 놀이 영역에서 놀이하기 • 기본생활습관 지도하기 - 부모님께 바르게 인사하기, 친구에게 고운 말로 이야기하기, 실내에서 걸어다니기	• 유아 맞이하기: - ○○○ 교사 • 놀이계획표, 놀이선택판	
9:10~ 계획하기	• 학급의 구성원으로서 소속감을 갖는다. • 하루 일과를 알고 안정감을 갖는다.	◎ 계획하기 • 자리정돈 및 주의집중: 출석 인원과 결석 인원 세어 보기 • 날짜 및 날씨 알아보기 - 오늘은 몇 월 며칠인가요? 무슨 요일인가요?	• 달력 • 그림시간표	

시간/활동명	활동목표	활동내용	준비물 및 유의점	평가
		- 오늘 날씨가 어떤가요? • 그림시간표 살펴보기 • 조형: 먹지 그림 그리기 - 어제 주말 동안 즐거웠던 일 그림을 다 그린 사람들은 조형영상에서 먹지로 그림을 그릴 수 있음 - 먹지를 본 적이 있나요? 먹지는 종이의 한쪽 면이 검은색인 종이임. 종이 위에 먹지를 올려놓고 그 위에 또 종이 한 장을 더 올려놓은 후 그림을 그리면 그림이 두 개 그려지게 됨. 같은 곳에나 그림을 여러 장 만들 때 사용하는 종이임 - 그리고 싶은 그림을 마음속으로 정한 후, 먹지를 사용하여 그림을 그려보자. 그림이 모두 그려지면, 벽면에 전시할 예정임		
9:20~ 실외자유 선택활동	• 놀이기구를 안전하게 사용한다. • 실외놀이규칙을 지키며 놀이한다.	◎ 실외자유선택활동 • 스트레칭: 마당 두 바퀴 걷고 달리기, 체조하기 • 유치원 마당 곳곳의 자연물 감상하고 물 주며 돌보아주기 • 실외자유선택활동하기 [종합놀이터] 줄 잡고 올라가기, 미끄럼틀, 그물, 흔들다리 등 [모래놀이터] 내 동네 · 유치원 동네 만들어 놀이하기 [대근육가꾸기 목, 그네, 그네, 2인용 그네, 네스팅브릿지, 구름다리 놀이하기] [유치원 정자] 그림책 읽기, 색종이 접기, 그림 그리기 [유치원 마당] 축구 · 판제기 · 고리 던지기 하기 • 놀이기구의 사용법과 규칙을 알고 안전하게 놀이하기	* 유아들이 안전하게 놀이할 수 있도록 지도한다. * 월, 수, 금요일: 축구 - 마당전체: ○○○ 교사 - 종합놀이터: ○○○ 교사	
10:00~ 정리정돈 및 화장실 다녀오기	• 놀이할 때 사용한 놀이감을 바르게 정리한다.	◎ 정리정돈 및 화장실 다녀오기 • 사용한 놀잇감 바르게 정리하기 • 외투와 실외화를 벗어 정해놓고, 실내화를 신은 후 화장실 다녀오기		
10:10~ 간식 '야옹이스프, 현미뻥튀기'	• 손을 깨끗이 씻는다. • 친구들의 간식을 준비하고 대접하며 책임감을 갖는다. • 다른 사람과 함께 간식을 먹을 때 지켜야 할 예절을 알고 실천한다.	◎ 간식 '야옹이스프, 현미뻥튀기' • 화장실에서 손 씻고 자리에 앉기 • 간식 당번이 간식 준비하기 • 오른쪽 방향으로 간식 그릇 전달하며 간식 덜기 • 간식 먹고 제반에 정리하기 • 간식 당번이 간식 접시가 담긴 쟁반 간식자에 정리하기 • 간식을 먹은 후 언어, 수학, 쌓기, 조작, 과학 영역에서 놀이하기	- 손씻기 지도 및 간식당번 지도: ○○○ 교사	

시간 / 활동명	활동목표	활동내용	준비물 및 유의점	평가
10:30~ '이야기나누기 - 편지가 도착하기까지'	• 우체국의 역할과 필요성을 안다. • 편지가 배달되는 과정을 이해한다. • 우체국에서 일하시는 분들께 감사하는 마음을 갖는다.	◎ 이야기나누기 '편지가 도착하기까지' • 자리정돈 및 주의집중: 우표 자리 바꾸기 • 유치원으로 온 편지 소개하기 - 작년 ○○○ 반에 다녔던, 지금은 초등학교 학생이 된 선배가 편지를 보내왔음. 같이 읽어 보자 - 왜 이 편지를 썼을까요? 편지는 왜 쓰는 것일까요? (전하고 싶은 소식이 있는데 서로 멀리 있기 때문에 만나서 이야기하기 어려워서) • 편지가 배달되는 과정에 대하여 이야기나누기 - 이 편지는 어떻게 유치원으로 배달되었을까? 누가 유치원으로 이 편지를 가지고 왔을까요? (편지를 쓴 사람이 편지봉투에 우표를 넣으면 우체부가 우체통에서 편지를 꺼내어 유치원으로 가져감, 편지를 쓴 사람이 우체국으로 편지를 직접 가져가기도 함) - 우표가 바르게 있는지 잘 확인한 후에 우체국 도장(소인)을 찍음 왜 우표를 사서 붙여야 할까요? (우체부가 편지를 배달하는 데 드는 비용 때문에, 우체국 실험하는 데에 보태 쓰기 위해서, 우체국에서 일하시는 분들의 월급에 보태기 위해서 등) - 우체국에 편지가 모이면 우체부가 편지를 어느 곳에 어떻게 배달해야 하는지를 확인하고 나눔 - 이렇게 나눈 편지들을 자루에 담고 우편물 배달차에 실어 배달할 곳이 우체국으로 가져감 - 각 우체국에 전해진 편지들을 그 동네의 주소를 잘 아는 우체부가 편지를 배달해 주게 됨 - 편지가 한 통이 배달되기 위해 여러 사람이 수고함에 대해 이야기나누기 - 한 사람이라도 일을 열심히 하지 않으면 편지가 어떻게 될까요? (편지가 늦게 도착함, 편지를 읽어 버릴 수 있음) - 편지를 배달해 주기 위해 일하시는 분들께 어떤 마음을 이용하자 (감사한 마음) - 앞으로 감사한 마음을 갖고 우체국을 이용하자 • 앞으로 할 활동 소개하기 - 역할 놀이 영역에 우체부 놀이를 할 수 있도록 준비가 되어 있음, 놀이를 하면서 더 필요한 것이나, 부족한 것이 있으면 앞으로 같이 만들어 사용하자	• 주의집중자료(다양한 모양의 우표 5장 - A5크기), PPT자료, 컴퓨터, 스크린, 빔프로젝터, 레이저 포인터	
10:50~ 실내자유선택활동	• 주말 동안 즐거웠던 일을 회상하여 그림으로 표현한다. • 먹지의 특징을 알고 활용한다. • 유니트 블록을 이용하여 입체물을 구성한다.	• 선택한 흥미 영역에서 실내자유선택활동하기 [조형] ① 주말 동안 즐거웠던 일 그리기 - 주말 동안 경험한 일 회상하기 - 가장 기억에 남거나 재미있었던 일을 그림으로 표현하기 - 그림에 담겨 있는 이야기 적기 ② 먹지 그림 그리기 - 먹지의 특징 탐색하기 - 그리고 싶은 그림을 정한 후, 먹지를 사용하여 표현하기 [쌓기] 유니트 블록으로 내 동네 구성하기 - 내 동네에서 볼 수 있는 것들 이야기하기 - 유니트 블록으로 집, 상점, 지역사회 기관 등을 만들기 - 유니트 블록으로 구성한 건물 앞에 각각의 이름표를 붙이기	• 조형: ① 도화지, 크레파스, 색연필, 싸인펜, 연필, 지우개 ② 먹지, 얇은 종이, 연필, 색연필 • 쌓기: 유니트 블록, 조각종이, 가위, 풀, 색연필, 사인펜 등	

시간 / 활동명	활동목표	활동내용	준비물 및 유의점	평가
	·자신의 역할을 알고 역할에 맞게 표현하는 능력을 기른다.	[역할] 우체국 놀이하기 - 다양한 역할(우체국 직원, 우체부 손님) 정하기 - 우체국 놀이에 필요한 소품(우표 구입할 동전, 우체통, 우체국, 우체국 이름 등) 준비하여 놀이하기	·역할: 우체국 놀이 소품(스탬프 도장, 편지지, 편지봉투, 우표, 풀, 연필 등)	
	·글자에 관심을 갖는다. ·조각 그림을 활용하여 창의적으로 이야기를 구성한다.	[언어] ① '지역사회' 관련 그림책 읽기 ② '지역사회' 관련 그림조각으로 그림사진 만들기 ③ '버스를 타고', '기차ㄴㄴ드', '또또와 사과나무' 문장 블록으로 이야기 구성하기	·언어: 종이, 지역사회 관련 조각 그림 종이, 문장 블록, 종이, 필기도구	
	·편지봉투를 바르게 작성하는 방법을 안다. ·게임규칙을 알고 지키는 태도를 기른다.	[수학·조작] '편지 찾아요' 그룹게임 - 칠판원 가방을 1개씩 기준 편지를 똑같이 나누어 붙이기 - 게임 순서 정하기 - 주사위를 던져서 편지봉투 그림 확인하기 - 바르게 기입된 편지봉투 그림이 나올 경우, 편지 1장을 주소지로 배달하기 - 바르게 기입되지 않은 편지봉투 그림이 나올 경우, 편지 그대로 두기	·수학·조작: 게임판, 주사위, 집 배던 가방, 편지지	
10:50~ 실내자유선택활동	·지도가 나타내는 것을 알고, 지도에서 내 집과 유치원이 있는 곳을 찾을 수 있다.	[과학·컴퓨터] 내가 사는 동네, 유치원 동네 지도 관찰하기 - 지도의 쓰임새를 알기 - 내가 사는 동네(유치원 동네 주변) 모습에 관심 갖기 - 지도를 사용하여 내가 사는 동네, 유치원 동네 찾아보기	·과학·컴퓨터: 내가 사는 동네 지도 및 유치원 동네 지도, 돋보기	
	·스카프, 리본 막대의 특징을 알고 활용한다.	[음률] 스카프, 리본 막대로 리듬감 표현하기 - 스카프, 리본 막대의 특징 탐색하기 - 배운 노래 부르며 도구 활용하여 느낌 점 표현하기	·음률: 스카프, 리본 막대, 타이밍 (탬버린, 큐브, 마라카스, 전자피아노)	
11:30~ 정리정돈 및 놀이평가	·자기가 가지고 놀던 놀잇감의 자리를 알고 제자리에 정리한다. ·친구를 도와주는 마음을 가진다.	·자기가 놀이었던 영역부터 정리하기 ·다른 영역 정리 도와주기 ·놀이평가표에 기본 표시하기 - 어떤 놀이를 했나요? - 놀이를 할 때 기분이 어땠나요?	·놀이평가판, 놀이평가판 담을 바구니, 네임펜	
11:40~ 게임 '지도 보고 물건 찾아오기'	·지도의 의미를 안다. ·사물 간의 공간 관계를 안다. ·모둠원들과 협력하여 문제를 해결할 수 있다.	◎ 게임 '지도 보고 물건 찾아오기' ·자리정돈 및 주의집중: 유치원 배치도 보고 교실 알아맞히기 ·교실 환경 배치도 살펴보며 활동 소개하기 - 지도란 무엇이라고 하였나요? (너무 멀리 있거나 너무 넓어서 우리 눈으로 직접 볼 수 없는 곳을 작게 줄여서 그림으로 그린 것) - 이 지도는 어느 곳에 대한 지도일까요? (○○○ 반을 그린 지도) - 함께 지도를 살펴보자. 출입문은 어디에 있나요?	·교실 배치도 A3크기, 교실 배치도 복사본 4장, 교실에 숨길 역할놀이 소품 8개	

시간 / 활동명	활동목표	활동내용	준비물 및 유의점	평가
		- 지금 우리가 앉아 있는 곳은 지도에서 어디일까요? - 이번에는 지도에 빨간색 동그라미로 표시된 곳을 찾아보자. - 이렇게 교실 환경 배치도를 사용한 게임을 해볼 것임 • 게임방법과 내용에 대해 이야기나누기 - 부활절 달걀 찾기 게임을 했던 것처럼 교실에서 물건을 찾아오는 게임을 할 것임 - 교실 곳곳에 역할 놀이 영역에서 사용하는 물건들을 숨겨 놓고, 지도에 숨긴 장소를 표시해 두었음 - 4모둠으로 나누어 찾아서 하는 영역을 정한 후, 5번(신호 바퀴 한 칸) 동안 지도를 보며 물건을 찾아오는 게임임. 물건은 2개씩 찾아오면 됨 • 모둠 나가기 1, 2모둠 나와 게임하기 - 찾고 싶은 영역을 지도에 표시하세요. - 나머지 모둠 어린이들은 친구들이 지도를 사용하여 어떻게 물건을 찾는지 잘 보도록 하자 1, 2모둠원이 찾아온 물건 살펴보고 평가하기 - (물건을 찾아온 후) ○○ 모둠은 지도의 어떤 표시를 찾기로 했나요? - 그 곳은 교실의 어디인가요? 무엇을 찾았나요? - 지도를 보며 물건을 찾으니 어땠나요? - (쉽게 찾을 수 있었다면) 왜 쉽게 찾을 수 있었을까요? - (어려웠다면) 어떤 점이 어렵게 느껴졌나요? 지도에 어떻게 표시하면 보다 쉽게 물건을 찾을 수 있을까? 3, 4모둠 게임하고 찾아온 물건 살펴보고 평가하기 • 앞으로 할 활동 소개하기 - 내일은 ○○○반 어린이들이 직접 교실에 물건을 숨기고 지도에 표시한 후 찾아보는 게임을 해볼 것임		
12:00~ 점심식사 '잡곡밥, 쇠고기당면국, 닭안심고구마조림, 콩나물무침, 김치'	• 급식 방법과 정리방법을 알고 실천한다. • 음식을 골고루 먹는 습관을 기른다. • 바른 태도로 음식을 먹는 습관을 기른다.	◎ 점심식사 '잡곡밥, 쇠고기당면국, 닭안심고구마조림, 콩나물무침, 김치' • 화장실에서 손 씻기 • 자리에 앉기 • 배식대 앞에 줄 서기(책상별로) • 배식 받기 • 자리로 돌아와서 점심 먹을 준비하기(수저 챙기기, 물 컵에 물 따르기) • 기도하기 • 점심식사하기 - 나눠주시는 국 받기 - 골고루 먹기 - 더 먹고 싶은 반찬이 있을 경우 손들기 • 후식 먹기 • 정리하기	- 배식대 준비 및 점심 식사 세팅 : ○○○ 교사, 급식조력부모(○○○, ○○○) - 배식: 교사(국), 급식조력부모(밥, 반찬) - 배식 전후 자리 정돈 및 식사 준비지도: ○○○ 교사 * 유아들이 식사하는 모습을 관찰하고 바른 태도로 골고루 음식을 섭취할 수 있도록 지도한다.	

시간 / 활동명	활동 목표	활동 내용	준비물 및 유의점	평가
13:00~ 동화 '바람 부는 날' & 이야기나누기 '동극 계획'	• 동화를 듣고 내용을 이해한다. • 동극을 위해 필요한 소품들을 준비한다. • 동화의 내용을 잘 기억하고 동극을 위한 준비를 한다.	• 양치하기 - 쟁반에 컵 정리하고, 칫솔은 이 닦기 표시판에 표시하기 - 수학·조작놀이 영역, 언어 영역, 과학 영역에서 놀이하기 ◎ 동화 '바람 부는 날' & 이야기나누기 '동극 계획' • 자리정돈 및 주의집중: 수수께끼 '바람' • 활동 소개하기 - 편지를 보내기 위해서는 편지를 어디로 가져가야 하나요? (우체국) - 편지를 보내기 위해 우체국에게 편지를 보내기 위해 우체국으로 가는 길에 그만 바람이 부는 바람에 편지를 잃어버렸다고 해요. 편지는 어디로 간 것일까요? 동화를 들어 보도록 해요. - 동화를 들은 후 동극을 할 것이므로 어떤 일이 있었는지, 누가 나와서 어떤 이야기를 했는지 잘 생각하며 듣도록 해요. • 동화 듣기 • 동화 회상하기 - 바람에 날아가는 편지를 어떤 동물들이 보았나요? - 편지는 결국 어떻게 되었나요? 바람이 제비에게 편지를 전해 줬을까요? ◎ 이야기나누기 〈동극계획〉 • 동극계획하기 - 동극에 필요한 무대를 설치하는 모둠, 소품을 만들고 준비하는 모둠, 역할을 맡아 직접 동극을 하는 모둠으로 나누어 준비할 것임 • 역할 정하기 • 앞으로 할 활동 안내하기 - 오후 방 앞놀이 시간부터 이번 주 금요일까지 동극을 위한 준비를 한 후 금요일에 동극을 해볼 것임	• 낮은 책상, 동화자료 ◎ 융판, 화이트보드, 보드마카펜	
13:25~ 실내자유선택활동	• 놀이감의 사용방법을 알고 적절히 사용한다.	◎ 실내자유선택활동	* 쌓기 놀이, 역할 놀이는 제한한다.	
13:50~ 평가 및 귀가지도	• 유치원에서의 일과를 회상해 본다. • 귀가 전에 해야 할 일과 귀가방법을 알고 실천한다.	◎ 하루 일과 평가하기 - 하루 일과 평가하기 - 진달래반에서 생활하면서 기분 좋았던 일/즐거웠던 일 이야기하기 - 속상했던 일이나 놀이를 하면서 불편했던 일 이야기하기 - 집에 가서 손, 발 깨끗하게 씻기 • 놀이계획표 정리하기 - 내일은 그림책을 반납하고 대여하는 날임. 읽고 빌려왔던 그림책 가져오기 - 바르게 인사하고 가기 - 유치원 대문까지 바르게 이동하기	- 귀가 준비지도: ○○○ 교사 - 귀가지도: ○○○ 교사	
비고				
총평				

참고문헌

김향금 · 최숙희(2004). 세상을 담은 그림 지도. 보림

경찰청 여성청소년계(2011). 아동안전지킴이집. http://www.childsafetyhouse.go.kr

다니엘 커크(2007). 도서관 생쥐. 신유선 옮김. 푸른날개

마크 하쉬먼 · 바바라 게리슨(2008). 하나뿐인 우리동네. JCR KIDS.

어린이 문화재청(1996). 우리지역 문화재. http://www.kids.cha.go.kr

이기숙 · 김희진 · 이경미 · 이순영(1998). 유아를 위한 소비자교육 프로그램. 양서원.

이은화 · 김순세(1973). 어린이 춤곡. 형설출판사.

이화여자대학교 사범대학 부속이화유치원(1970). 노래동산.

이화여자대학교 사범대학 부속이화유치원(1987). 유아를 위한 즐거운 놀이.

이화여자대학교 사범대학 부속이화유치원(1992). 5세 어린이를 위한 유치원 교육과정 운영의 실제,
⑧ 지역사회. 교문사.

Royalgaurd(2011). 고도 서울의 정례역사 재현 행사. http://www.royalguard.or.kr

저자소개

홍용희   이화여자대학교 사범대학 부속이화유치원 원장
             이화여자대학교 사범대학 유아교육과 교수

오지영   이화여자대학교 사범대학 부속이화유치원 원감

강경미   현 이화여자대학교 사범대학 부속이화유치원 교사

곽진이   전 이화여자대학교 사범대학 부속이화유치원 교사

김혜전   전 이화여자대학교 사범대학 부속이화유치원 교사

이누리   전 이화여자대학교 사범대학 부속이화유치원 교사

전우용   전 이화여자대학교 사범대학 부속이화유치원 교사

이화유치원
교육과정 운영의 실제
만 5세 ❻ 동네와 지역사회

2011년 12월 19일 초판 인쇄
2011년 12월 26일 초판 발행

지은이 이화여자대학교 사범대학 부속이화유치원
펴낸이 류제동
펴낸곳 (주)교 문 사

책임편집 정혜재
본문디자인 아트미디어
표지디자인 이수미
제작 김선형
영업 정용섭·이진석·송기윤

출력 아트미디어
인쇄 동화인쇄
제본 한진제본

우편번호 413-756
주소 경기도 파주시 교하읍 문발리 출판문화정보산업단지 536-2
전화 031-955-6111(代)
팩스 031-955-0955
등록 1960. 10. 28. 제406-2006-000035호

홈페이지 www.kyomunsa.co.kr
E-mail webmaster@kyomunsa.co.kr
ISBN 978-89-363-1158-2 (93370)
ISBN 978-89-363-1141-4 (93370) 전 36권

값 15,000원

*저자와의 협의하에 인지를 생략합니다.
*잘못된 책은 바꿔 드립니다.

KOMCA, KOSA 승인필
이 도서에 게재된 저작물 중 부득이하게 저작자의 사용 허락을 받지
못한 저작물에 대해서는 문화체육관광부장관이 정하는 기준에 의거하여
차후 보상금을 지급하겠습니다.